ÉTUDE

SUR

LA RÉCIDIVE

PAR

R. FERNEX DE MONTGEX

AVOCAT, DOCTEUR EN DROIT

MÉMOIRE

COURONNÉ PAR LA FACULTÉ DE DROIT DE GRENOBLE

Première médaille d'or.

CHAMBÉRY
IMPRIMERIE DE F. PUTHOD, RUE DU VERNEY

1868

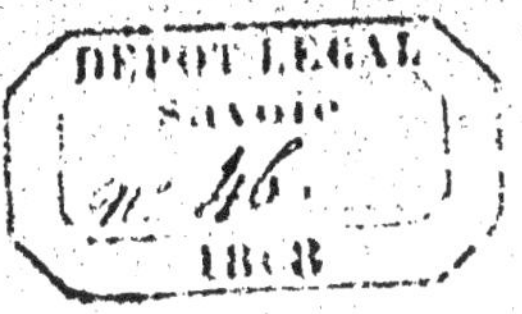

ÉTUDE

SUR

LA RÉCIDIVE

PAR

R. FERNEX DE MONTGEX

AVOCAT, DOCTEUR EN DROIT

MÉMOIRE

COURONNÉ PAR LA FACULTÉ DE DROIT DE GRENOBLE

CONCOURS DE 1865

(Première médaille d'or.)

CHAMBÉRY
IMPRIMERIE DE F. PUTHOD, RUE DU VERNEY

1868

Humanum est peccare... diabolicum perseverare.

(FARINACIUS, Quæst. XXIII, 4.)

Cette étude a pour objet l'examen de la situation légale appelée dans la langue du droit l'état de Récidive. Il arrive trop souvent que l'homme, une fois entraîné sur la pente du mal, ne s'arrête pas à une première chute. Un agent unique peut commettre plusieurs crimes, et leur multiplicité le met alors dans une condition à part que la loi pénale a dû apprécier : l'auteur de plusieurs infractions ne peut pas être assimilé à l'auteur d'une seule; c'est, dirai-je avec M. Ortolan, l'hypothèse générale de la réitération[1].

La réitération, du reste, se produit de deux manières bien différentes : tantôt, c'est un heureux criminel, dont le premier essai n'a pas été découvert et que l'impunité a encouragé à de nouveaux délits;

[1] ORTOLAN, *Éléments de droit pénal*, n° 1143.

tantôt, c'est un coupable déjà frappé d'une condamnation, endurci par la peine plutôt que corrigé, qui est venu de nouveau mépriser la loi et braver ses rigueurs.

La première de ces deux espèces est en dehors de mon étude; elle est l'objet de la théorie du non-cumul des peines.

La seconde, au contraire, constitue réellement ce que l'on appelle la *Récidive.*

La *Récidive* est donc l'état d'un homme déjà condamné pour une première infraction, qui en commet une seconde. Le problème juridique est alors : déterminer, eu égard à cette circonstance de la récidive, quelle sera la peine infligée au nouveau crime. La récidive doit-elle être sans influence sur la fixation de cette peine? — Doit-elle, au contraire, motiver une aggravation, et, dans ce cas, quelle marche progressive faudra-t-il tracer au châtiment? — Toutes ces questions sont résolues par notre Code pénal dans ses articles 56, 57 et 58. Leur commentaire formera la troisième partie de ma dissertation; les deux autres seront consacrées, la première, aux principes rationnels; la seconde, à l'histoire du sujet.

J'ai choisi cette méthode comme la plus digne et la plus sûre. Étudier uniquement le droit dans la loi, c'est vraiment oublier la noblesse de notre profession, *divinarum atque humanarum rerum notitia,* disait Justinien. Au contraire, le chercher dans les faits du passé et la réalité des principes, c'est non-seulement élargir sa voie, c'est aussi donner à sa marche deux guides assurés. Les institutions qui sont tombées font mieux comprendre celles qui subsistent, et pour bien juger les unes et les autres, ne faut-il pas les comparer aux types immuables du bien et du vrai ?

Cette route une fois tracée, j'ai mis tous mes efforts à la suivre; puisse-t-elle m'avoir conduit au but que tout homme qui écrit doit chercher à atteindre : découvrir et défendre la vérité.

PREMIÈRE PARTIE

DE LA RÉCIDIVE AU POINT DE VUE RATIONNEL

I. — L'homme est par sa nature un être sociable. La société a donc une existence nécessaire, et ainsi elle a le droit et le devoir de tendre à sa fin suivant les moyens qui y conduisent.

L'homme, dis-je, est sociable par sa nature, et la preuve en est qu'il a besoin du concours de ses semblables pour exercer toutes ses facultés et atteindre le but que Dieu lui a donné. Ce n'est donc pas l'homme qui est fait pour la société; c'est la société qui est faite pour l'homme, comme un secours indispensable dans l'accomplissement de sa destinée.

L'homme tend à sa fin par les voies de l'ordre, c'est-à-dire par une juste proportion entre cette fin et les moyens qu'il emploie. Toutes les fois que la proportion disparait, il y a désordre : l'homme se fourvoie et ne marche plus droit à son but. La société doit donc, autant qu'elle le peut, prévenir ces égarements et nous aider à rester dans notre chemin.

Mais ce serait assigner à l'action sociale un domaine trop étendu que de demeurer dans des termes aussi généraux. La fin d'un être n'est jamais disproportionnée avec ses moyens; or, l'homme ne peut agir sur l'homme que par l'intermédiaire des sens; les modes d'action de la société sont donc uniquement extérieurs, et l'ordre qu'elle doit maintenir sera aussi, pour ce motif, uniquement extérieur : la conscience n'est pas de son domaine. Établir et conserver entre ses membres l'ordre extérieur, tel est donc, en résumé, le but immédiat de la société humaine.

De ces principes découlent, à mes yeux, et la justification et en même temps les règles du droit pénal. — Qu'est-ce que le délit, sinon le désordre social? — Qu'est-ce que la peine, sinon la réparation de ce désordre? Et si le premier devoir de la société est de maintenir l'ordre, puisqu'elle n'a pas d'autre but, n'est-il pas éminemment vrai de dire que le droit de punir est un droit légitime et fondamental de la société ?

La peine est donc, suivant ma pensée, la réparation du désordre social. En la définissant de cette manière, j'indique également quel but elle poursuit; je détermine donc aussi ses caractères et les éléments à consulter pour fixer avec justesse les limites qu'elle atteindra sans les dépasser. En effet, la peine étant la réparation du désordre, soit du crime, demandons-nous quels sont les résultats du crime, et nous en déduirons les résultats désirables, soit les caractères de la peine.

Or, le crime a trois effets principaux ; il est un désordre chez l'agent; il lèse les droits des tiers et du corps social tout entier; il donne enfin le scandale de l'exemple et fait naître des craintes pour l'avenir. Voilà donc le triple objet de la peine bien défini ; et voici le triple caractère qui en est la suite. La peine sera pénitentiaire, c'est-à-dire elle ramènera le coupable dans la voie du bien qu'il a abandonnée ; — elle sera réparatrice, c'est-à-dire elle rétablira les choses suivant l'ordre qui a été troublé ; — elle sera exemplaire et préventive, c'est-à-dire elle rassurera la société contre le retour du crime et redressera dans les esprits les erreurs dangereuses que le bonheur et l'impunité des scélérats ne manquent jamais d'accréditer. Une peine qui arriverait toujours à ce triple résultat serait une peine parfaite ; mais en revanche, plus on s'en éloigne, plus on est sûr qu'il faut changer de système, parce que le système suivi jusque-là est assurément erroné.

II. — Ces principes, je le répète, résument toute la théorie philosophique du droit pénal. Je les ai rappelés en commençant cette étude, parce que c'est d'eux que je tire les éléments rationnels de mon sujet. La question à traiter dans cette première partie est celle-ci : la récidive doit-elle motiver une aggravation de peine ? Pour trouver une réponse logique et sûre, il fallait dire avant tout les conditions qui légitiment le châtiment et marquer le but qu'il poursuit. C'est ce que j'ai fait de mon mieux dans les pages qui précèdent, et je n'aurai plus maintenant que des conséquences à déduire.

Parmi les divers résultats énoncés tout à l'heure comme la fin de la peine, il y en a, entre autres, deux des plus importants : la peine doit corriger le coupable et rassurer la société contre le retour du crime. La récidive ne prouve-t-elle pas de la manière la plus évidente que le châtiment infligé au premier crime n'a répondu ni à l'un ni à l'autre de ces deux objets ?

Il fallait corriger le coupable. Quelle est la signification de ce mot? Suffisait-il d'obtenir un retour passager au bien, une apparence de bonne conduite, dissipée à la première occasion dangereuse? N'était-ce pas plutôt ramener définitivement cet homme dans le chemin de l'ordre, rectifier les jugements faux qu'il avait pu porter sur le droit et le bien, lui donner dans la peine un frein matériel assez puissant pour arrêter ses passions et, en un mot, le replacer pour toujours au niveau des honnêtes gens? Voilà ce qu'il fallait obtenir et on ne l'a pas obtenu. L'attrait du crime a été plus vif que la crainte du châtiment n'était grande; l'intelligence n'a pas été assez convaincue que les jouissances du crime n'égalaient pas ses douleurs, et le criminel est retombé. Quelle sera la conséquence? — Faudra-t-il peser la peine du second crime avec la mesure qui a servi au premier? Mais n'est-ce pas amener évidemment une seconde récidive? Le premier châtiment n'a pas suffi, la première rechute en est la preuve; le second suffira-t-il s'il est égal au premier? L'aggravation n'est-elle pas rationnelle, n'est-elle pas nécessaire? Et refuser de l'admettre, ne serait-ce pas refuser au criminel lui-même le seul secours qui puisse encore l'arracher du gouffre où il semble déjà s'enfoncer? Ce sont là des questions; mais l'évidence des réponses brille, ce me semble, d'une lumière trop sensible pour qu'il soit permis de la méconnaitre. La récidive prouve d'une manière sûre et certaine l'impuissance de la première peine à corriger le coupable; il faudra donc que la seconde peine soit une peine aggravée.

III. — J'ai parlé jusqu'ici d'un seul des motifs que je mentionnais en commençant; il faut aborder le second. La peine doit sans doute corriger le coupable; mais elle doit aussi être une protection suffisante pour la société. Ce deuxième but, oserai-je dire, l'emporte même sur le premier, puisque c'est dans l'existence de la société que le droit de punir prend sa source. La société, quand elle châtie, a donc tout spécialement en vue de se protéger elle-même et d'empêcher le retour des faits coupables qui lui ont apporté le trouble et le désordre. Et ici encore n'ai-je plus que des questions à poser? La récidive a eu lieu : peut-on dire que le châtiment a atteint son but? A-t-il préservé la sécurité sociale? Ce crime, dont il devait empêcher le retour, l'a-t-il arrêté? N'est-il pas démontré, au contraire, qu'il a été un obstacle insuffisant et ne faut-il pas conclure de tout ceci à la nécessité d'une aggravation?

Admettre un système contraire, ce serait volontairement exposer l'ordre social à de nouveaux troubles. On le sait, plus une infraction se renouvelle fréquemment, plus elle a de chances de se renouveler encore. Ceux qui voient des malfaiteurs commettre sans cesse de nouveaux crimes, malgré les châtiments sans cesse répétés, en concluent nécessairement que les avantages du délit dépassent les rigueurs de la peine. Les récidives deviennent ainsi un des exemples les plus dangereux, une des excitations au mal les plus immédiates, et elles exigent, à ce titre, une répression sévère. Or, l'expérience l'apprend, une seconde peine, si elle n'est pas plus forte que la première, est nécessairement plus faible. On a vu des criminels s'habituer au régime de la prison, et surtout ils se familiarisent presque tous avec le déshonneur. Il faut donc aggraver le châtiment si l'on ne veut pas le voir devenir un vain épouvantail plus dangereux même que l'impunité. « L'impunité, dit à ce propos M. Bonneville[1], si « elle encourage, laisse au moins planer sur la « tête du délinquant la probabilité d'une peine « vague et indécise qui, pouvant être plus ou « moins forte, l'effraye par son indétermination « même : c'est un mal futur, inconnu, que son « imagination peut grossir. » La peine insuffisante, au contraire, rassure complètement le condamné ; le métier de criminel ne lui paraît plus aussi dangereux que la justice veut bien le dire ; il ranime ainsi ses mauvais penchants ; il s'encourage au crime et il devient une menace permanente pour la société. Si donc la première peine n'a pas pu empêcher le retour de l'infraction, il est certain que la seconde doit être une peine plus forte, pour les législateurs du moins qui ont à cœur de sauvegarder l'intérêt public.

[1] BONNEVILLE, *De la Récidive*, p. 33.

Je termine ainsi l'examen des deux principaux motifs qui me paraissent légitimer l'aggravation des peines dans le cas de récidive. Les faits nous ont démontré que la première peine n'avait pas suffi à sa double mission, amender le coupable et protéger l'ordre social ; j'en ai conclu et d'une manière nécessaire, ce me semble, qu'à ce double point de vue il fallait recourir à une augmentation de rigueur.

Ces principes ont même paru tellement évidents à la majorité des auteurs, qu'un grand nombre se contente de les exposer et juge toute autre démonstration superflue. Il y a eu cependant des contradicteurs, et c'est le motif qui m'a fait insister. On a même soulevé quelques objections spécieuses ; je vais maintenant essayer leur réfutation ; ce sera un nouveau moyen de faire ressortir la vérité.

IV. — M. Carnot est un des premiers jurisconsultes qui ait refusé au pouvoir social le droit de punir les récidives : « Les individus, dit-il, qui se « rendent coupables par récidive de crimes ou de « délits ne peuvent inspirer sans doute aucune « pitié ; mais il faut être juste envers ceux-mêmes « qui ne sont dignes d'aucune faveur ; et peut-« on dire qu'il soit dans les principes d'une exacte « justice de leur appliquer une peine plus sévère « que celle qu'ils ont encourue par le genre de « crime dont ils se sont rendus coupables ? S'ils « ont commis un premier crime, ils en ont été « punis ; leur infliger une nouvelle peine à raison

« de ce crime, n'est-ce pas ouvertement violer à « leur égard le *non bis in idem* qui fait l'une des « bases fondamentales de toute législation en ma- « tière criminelle[1] ? »

Les deux principes qui font la base de cette objection sont tous les deux rigoureusement vrais; mais l'auteur en a tiré une conséquence parfaitement fausse. Il faut être juste même à l'égard de ceux qui n'ont gardé aucune justice, cela est certain; il ne faut jamais punir une seconde fois des actes déjà punis, cela est également certain. Mais les peines de la récidive violent-elles aucune de ces deux règles? Si le second crime est plus gravement puni que le premier, ce n'est pas le premier que l'on punit une seconde fois; c'est bien uniquement le second, mais on le punit avec une sévérité nouvelle parce que dans la situation du délinquant l'on trouve les éléments d'une culpabilité plus grande. Le premier crime était simple, la peine à prononcer était donc simple. Le second crime est au contraire complexe, il est aggravé par le mépris de la justice et du châtiment; la peine sera donc une peine aggravée; mais pour autant elle ne cessera pas d'être la peine de ce second crime, et le *non bis in idem* sera demeuré intact.

V. — On le voit, un des motifs principaux qui légitime l'aggravation de peine dans notre espèce est fondé sur l'aggravation de culpabilité morale

[1] CARNOT, *Commentaires sur le Code pénal*, p. 106, n° 1.

chez le récidif, aggravation établie par le fait même de la récidive. Aussi, pour mieux combattre notre système, des auteurs ont-ils essayé de soutenir que la culpabilité morale des récidives, loin de surpasser celle des premiers crimes, était, au contraire, beaucoup moindre. Cette théorie singulière a été mise en avant pour la première fois dans un article de M. Hercule Bourdon, publié par la *Revue de législation* en 1836[1]. Il a été repris tout récemment et développé avec adresse par M. Tissot dans son ouvrage sur les principes rationnels et coutumiers du droit pénal[2].

Pour ces auteurs, le crime commis en récidive est un fait d'habitude; or, l'habitude, disent-ils, en facilitant l'acte, diminue la liberté et atténue d'autant la responsabilité morale de l'agent. Donc, toutes choses égales d'ailleurs, le récidif est moins coupable qu'un autre criminel, et loin d'accroître sa peine, on devrait l'amoindrir. Je dois dire immédiatement que ni l'un ni l'autre des auteurs cités n'a osé formuler cette dernière conséquence; c'est qu'en effet elle mène directement à l'absurde et est ainsi à elle seule la condamnation du système. Cependant, on doit le reconnaître, il est impossible de la désavouer : elle est la conséquence légitime des principes mis en avant par M. Tissot. Si l'état de récidive n'augmente pas la culpabilité morale de l'agent, assurément il la diminue. On ne peut pas soutenir qu'une situation semblable n'exerce aucune

[1] *Revue de législation*, 1836, p. 450.
[2] *Le Droit pénal étudié dans ses principes*, etc., I, p. 101 et 117.

influence : ou aggravante ou atténuante, elle en a une ; lui refuser la première, c'est donc lui accorder la seconde, et alors nous voilà fatalement conduits à proclamer l'innocence des bandits de profession.

Quelle est donc en tout ceci la vérité ? On pourrait, ce me semble, la démêler en peu de mots. L'habitude, une fois contractée, facilite le crime, je l'avoue, et par là même elle semble diminuer la responsabilité actuelle et immédiate du coupable. Mais l'habitude est aussi un fait essentiellement volontaire dans son principe ; autrement elle se confondrait avec la manie. L'habitude est donc imputable à l'agent et avec elle les faits coupables qui en sont la suite. D'un autre côté, et précisément parce qu'elle facilite le crime, elle le rend plus dangereux et elle met un obstacle de plus au repentir et à la correction du coupable. Ce sont là, on ne l'a pas oublié, les deux motifs que nous avons considérés comme la base de l'aggravation en matière de récidive ; or, on le voit, ils sont la conséquence naturelle de l'habitude, et l'habitude, je l'ai démontré, pèse tout entière sur la responsabilité de l'agent. Il n'est même plus besoin maintenant de conclure ; ces quelques lignes suffiront, je l'espère, à réfuter la théorie que je viens d'exposer, théorie fausse à sa base et grandement périlleuse dans ses résultats.

On pourrait dire, il est vrai, qu'avec nos principes il ne suffit pas de châtier la première récidive ; qu'il faut, au contraire, accroître la peine pour chaque faute nouvelle. A cette objection, j'ai une réponse : Sans doute une logique rigoureuse pourrait conduire jusque-là; c'est un système adopté déjà par bien des législateurs, et je me garderai de taxer d'injustice ceux qui l'ont suivi. Cependant l'indulgence est rarement à craindre dans les lois criminelles; souvent même elle est préférable à une justice trop rigoureuse. Aussi nos codes modernes, alors même qu'ils auraient eu le droit de prévoir et de punir les récidives successives, ont-ils bien fait de ne pas s'en occuper. Il y a, d'ailleurs, ici un autre principe qu'il ne faut jamais négliger en matière pénale. Il est vrai, la loi peut toujours tenir compte de l'intention délictueuse; mais la peine ne doit cependant jamais être disproportionnée avec les faits matériels de l'infraction. Le vol de quelques sous, répété même dix fois, sera assurément plus coupable la dixième fois que la première, et cependant ne devra jamais être frappé d'une peine trop grave. La sagesse du législateur consistera à se bien pénétrer des deux principes et à les concilier l'un et l'autre, suivant que l'exigeront les faits et les circonstances[1].

VI. — Les deux objections que je viens d'examiner sont les plus sérieuses sur notre question. Elles ne sont pas seules cependant. M. Tissot, qui a pris à tâche de toutes les réunir, en énumère encore quelques-unes. Il soutient, entre autres, et ce n'est pas un des motifs sur lesquels il appuie le plus légèrement, que la justice répressive ne doit jamais apprécier le plus ou le moins de culpabilité morale

[1] En ce sens, BERTAULD, *Cours de Code pénal*, p. 387.

d'un homme; que par suite, quand même la récidive prouverait à l'évidence l'excès de perversité du coupable, il est illégitime de fonder sur cette base une aggravation de peine[1]. Pour moi, je demande la permission de le dire, je connais peu de principes aussi faux. La loi pénale n'atteint pas les crimes de conscience, soit : elle n'a pas le moyen de les découvrir, et d'ailleurs ils ne portent aucune atteinte à l'ordre extérieur que la société a pour mission de conserver. Mais un crime extérieur a-t-il été commis, immédiatement son auteur devient justiciable de la loi criminelle, et elle peut lui demander compte de son intention non moins que de ses actes. Ceux-ci ne sont même punissables qu'à raison de celle-là, et l'on se demande alors pourquoi il serait interdit d'en apprécier la culpabilité plus ou moins grande. On y trouve souvent des motifs d'atténuation et d'excuse; pourquoi serait-il défendu d'y puiser aussi des motifs d'aggravation? Ne l'oublions pas, il y a deux choses dans l'infraction coupable, il y a le fait matériel du crime qui, à lui seul, n'est qu'un malheur; il y a ensuite l'intention qui donne la vie au crime et le rend punissable. Le premier sans doute est plus facile à constater et à juger; mais la seconde est bien plus importante, et, s'il est possible de l'apprécier avec justesse et certitude, c'est un devoir impérieux d'en tenir le plus grand compte. Or, d'après les règles de l'interprétation humaine, la récidive prouve l'aggravation de cette culpabilité morale, cela est certain;

[1] TISSOT, p. 113.

la loi qui lui attache une aggravation de pénalité ne fait donc qu'user de son droit, elle ne l'exagère pas.

VII. — Je termine cette première dissertation en citant les quelques paroles que M. Rossi a consacrées à notre question dans son beau Traité de droit pénal : « Le législateur, dit-il, a le droit de faire « entrer en ligne de compte la récidive. D'un côté, « elle accuse le délinquant d'une grande perversité « morale; de l'autre, elle révèle à la société un agent « très dangereux. Il y a dans l'auteur de la récidive « une culpabilité spéciale, morale et politique à la « fois[1]. »

Ces trois phrases sont le résumé complet de tout ce que j'ai dit et de tout ce que j'ai lu sur la question. Il y a chez le récidif une grande culpabilité morale; c'est ma première preuve. Le délinquant n'a pas été corrigé par le premier châtiment; loin de là, il est retombé. A la faute commise, il a donc joint le mépris de la loi et la culpabilité d'un commencement d'habitude; il s'est enfoncé plus avant dans la voie du mal; il s'est rendu le repentir de plus en plus difficile; il a démontré lui-même l'insuffisance de la peine ordinaire, et désormais, pour le punir et le corriger, il faudra recourir à un châtiment spécial. — Il y a aussi chez le récidif une grande culpabilité politique, et c'est le second motif que j'ai mis en avant. Le crime commis en récidive est, en effet, une menace directe contre la société; il prouve que, sous ce rapport aussi, la peine a été

[1] Rossi, *Traité de Droit pénal*, t. III, p. 114.

insuffisante puisqu'elle n'a pas empêché le retour du délit; il annonce de nouvelles perturbations à l'ordre public, et ainsi il autorise la loi, que dis-je? il la force à user de nouvelles rigueurs.

Je puis maintenant conclure avec raison à la légitimité de l'aggravation des peines en matière de récidive. Cependant la partie philosophique du sujet n'est pas épuisée. Bon nombre de questions se présentent encore et méritent l'examen. Je vais, à la lumière du principe que je viens d'établir, essayer d'en donner la solution.

VIII. — La récidive peut être générale ou spéciale. Elle est spéciale, lorsque le criminel est retombé dans le même délit ou du moins dans le même genre de délit. Elle est générale, si les deux crimes n'ont entre eux aucune ressemblance; par exemple, si, après une condamnation pour banqueroute, c'est un meurtre qui est commis. On se demande si l'aggravation est permise dans les deux cas ou si elle l'est seulement dans le premier. J'adopte pour ma part la première solution, et voici mon argument capital. Les divers crimes, je le reconnais, peuvent avoir des causes immédiates différentes; mais il faut pourtant leur assigner à tous un premier principe unique, sous peine de renier l'unité de la nature humaine. Ce premier principe, c'est le penchant funeste de l'homme à s'écarter des voies d'ordre qui le conduisent à sa fin. Quand un crime a été commis, quel qu'il soit, la peine, pour être vraiment efficace, ne doit pas se borner à réagir contre la passion accidentelle qui a été l'occasion du crime; elle doit remonter plus haut, et c'est le principe même du mal qu'il faut guérir. Or, dès qu'il y a eu récidive, même générale, voilà, puis-je dire, ce qui n'a pas été obtenu. Qu'importe que le châtiment infligé à un voleur l'ait empêché de voler une seconde fois si le vol est remplacé par l'assassinat? Qu'importe que la manie du feu ait disparu si la passion du meurtre a pris sa place? Que la récidive soit spéciale ou qu'elle soit générale, cela est indifférent; il sera toujours vrai de dire avec M. Rossi que l'on se trouve en présence d'un agent de désordre très pervers et en même temps très dangereux, et ce sera le moment de prononcer l'aggravation[1].

La théorie qui distingue entre les deux sortes de récidives, porte d'ailleurs en elle un vice radical; car elle conduit directement à ne jamais en admettre aucune. Dans quel cas y aura-t-il récidive spéciale? Quand peut-on dire que la rechute a eu lieu dans le même genre de délit? Est-ce que des crimes identiques n'ont pas sans cesse des mobiles divers? L'incendie, par exemple, ne peut-il pas se rattacher tantôt au vol, tantôt à l'homicide? Le vol, de son côté, selon qu'il a pour motif la cupidité ou simplement le plaisir de la destruction et de la vengeance, ne devra-t-il pas appartenir à des classes différentes? Dans les diverses espèces d'homicides mêmes, n'y aurait-il pas des catégories à établir? Est-ce qu'un em-

[1] *Sic :* BERTAULD, p. 387; — ORTOLAN, n° 1197. — *Contra :* CHAUVEAU et HÉLIE, chap. IX.

poisonnement longtemps médité a quelque rapport avec un meurtre arraché à un accès de colère ? Il faudrait donc, avec un pareil principe, laisser beaucoup à l'arbitraire pour arriver encore à une inégalité souvent voisine de l'injustice.

L'antiquité cependant adoptait ce système, et il faut arriver aux législations modernes pour le voir céder la place à la théorie que j'ai défendue. La raison en est bien simple : outre un motif d'impossibilité matérielle sur lequel je reviendrai dans la partie historique, il y en a un autre fondé sur la nature même des choses, le caractère scientifique de la seconde manière de procéder qui ne la rend applicable que dans une législation bien ordonnée et complète. « Nous ne « craignons pas de le dire, dit M. Ortolan, quelque « opposée que soit notre assertion aux idées gé- « néralement répandues à ce sujet, le mode de « procéder par prévision des récidives générales « est bien supérieur, dans la loi, à celui qui con- « siste à procéder seulement par prévision des « récidives spéciales : autant, s'il m'est permis de « faire cette comparaison, que dans les facultés « intellectuelles de l'homme la généralisation est « au-dessus de l'intuition. Celui de la récidive « spéciale est l'enfance de la pénalité ; l'autre « arrive à mesure que la science se forme et que « la vue du législateur s'élargit. Dans l'un, le lé- « gislateur, préoccupé du seul délit qu'il songe à « réprimer, est facile à frapper fort, à s'irriter « contre le récidiviste, à lutter d'aggravation en « aggravation de peine contre son obstination

« dans le délit, afin de finir par en avoir raison : « de là, les récidives prévues jusqu'à la troisième, « à la quatrième fois ou au delà, et les exagéra- « tions de pénalité en désharmonie avec la pro- « portion générale des peines et des délits. Dans « l'autre, au contraire, le législateur, embrassant « l'ensemble des délits, ne se passionne pas plus « contre l'un que contre l'autre, il a sous les « yeux cette proportion générale, et il s'y con- « forme, au lieu de s'en écarter[1]. »

J'ajouterai toutefois une restriction admise généralement par les auteurs : il y a certaines classes de délits que la nature même des choses a complètement séparées. Entre un délit de presse, par exemple, et un délit commun, entre un délit militaire et un délit politique, quelle relation peut-il exister ? « En ces ordres si divergents « d'infraction, dirai-je encore avec M. Ortolan, la « récidive de l'un à l'autre n'apporte plus que « des nuances incertaines et variables, capables « d'affecter, suivant les faits de chaque cause, la « culpabilité individuelle laissée à l'appréciation « du juge, mais non la culpabilité absolue mesu- « rée d'une manière abstraite par le législa- « teur[2]. »

IX. — Cette première question une fois résolue, il s'en présente immédiatement une seconde. Quelle sera la mesure de l'aggravation

[1] ORTOLAN, n° 1197.
[2] ID., *loc. cit.*

exigée par la récidive ? Doit-on se contenter d'augmenter la peine sans en changer la nature ? Pourra-t-on passer d'un genre de peine à un autre ? Tout spécialement enfin sera-t-il jamais permis d'arriver à la peine de mort ?

Les jurisconsultes sont loin d'être d'accord sur tous ces points. MM. Rossi, Hoorebeke, Chauveau et Hélie et Tissot enseignent que l'on ne devrait pas changer la peine, mais seulement en élever le taux [1]. M. Ortolan est d'un avis contraire ; mais il demande toutefois que l'on n'en vienne jamais à la peine de mort [2]. Me serait-il permis de contredire l'opinion de ces savants écrivains ? La question, ce me semble, est mal posée. Quelle est la mesure du châtiment ? J'ai déjà eu occasion de le dire, c'est une juste proportion avec le but qu'il poursuit. Or, si le but ne varie jamais, la proportion est, au contraire, essentiellement variable. Selon que les mœurs sont plus douces ou plus cruelles, selon que les peuples s'avancent dans la voie de la civilisation, ou qu'ils reculent vers les siècles sauvages de la barbarie, la sévérité de la peine doit aussi s'abaisser ou s'accroître par degrés. Les climats, les institutions politiques et sociales, la religion, sont autant de causes qui font varier à l'infini la mesure du châtiment. La seule règle à formuler est celle-ci : Donner à la peine la sévérité nécessaire pour

[1] Rossi, III, p. 114. — Hoorebeke, *De la Récidive*, p. 219. — Chauveau et Hélie, I, chap. ix. — Tissot, I, p. 117.

[2] Ortolan, nº 1191.

qu'elle atteigne son but, mais ne jamais la dépasser. Le législateur a donc un seul problème à résoudre. Pour réprimer les récidives, suffit-il, en fait, d'une simple aggravation dans la même espèce de pénalité, il n'a pas le pouvoir d'aller au-delà ; mais s'il est nécessaire de changer la nature du châtiment, pourquoi n'aurait-il pas le droit de le faire? Si même la sécurité sociale exigeait impérieusement la peine de mort, pourquoi serait-il interdit de la prononcer? Une nécessité pareille, je le reconnais, devrait difficilement se rencontrer dans l'état actuel de notre Code pénal français, où les peines portées contre les premières fautes sont habituellement sévères. Mais supposez, par exemple, une législation qui ait eu le bon esprit de ne pas punir la tentative à l'égal du crime accompli, je me demande si, en présence de tentatives d'assassinat réitérées, la peine de mort ne deviendrait pas légitime. Serait-elle, en tous cas, plus imméritée dans cette espèce que par l'incendie d'une maison habitée? Je le répète, il me parait très difficile, je dirai impossible, de résoudre le problème d'une façon absolue; c'est, avant tout, une question de pratique et de nécessité sociale.

X. — Il y a enfin une dernière question que j'estime de la plus haute importance. Y aura-t-il récidive, quel que soit le temps qui sépare le second crime du premier, et en tout cas, la réhabilitation ne devra-t-elle pas au moins empêcher toute aggravation pour récidive ultérieure?

Jusqu'à présent, les solutions que j'ai proposées ont toujours été pour le parti le plus sévère; je suis heureux cette fois de pouvoir incliner du côté opposé. Entre le scélérat, dont toute la vie est un long tissu de crimes, et celui qui a séparé peut-être deux infractions par trente ou quarante ans de repentir, il y a un abîme immense que la loi pénale est impuissante à combler. Pour le premier seulement, il est vrai de dire qu'il n'a pas été corrigé par la peine; lui seul aussi est une menace immédiate pour l'ordre social, et en conséquence lui seul devra être soumis à des rigueurs nouvelles. Dans la seconde hypothèse au contraire, le long espace qui est entre les fautes peut au moins faire présumer des efforts sérieux vers le bien; la rechute nouvelle est sans doute une conséquence de la faiblesse humaine, plutôt qu'un signe de profonde perversité, et cette incertitude doit profiter au coupable. Le principe pour moi est évident : un long intervalle d'une infraction à l'autre devrait soustraire la seconde aux peines de la récidive. La seule difficulté sera de fixer le délai; elle sera grande sans doute; mais un motif semblable ne doit point détourner le législateur d'une œuvre de justice et d'humanité. Dix ans depuis l'expiration de la peine seraient peut-être au grand criminel un délai suffisant. Mais ceci est une question de fait; elle est uniquement du ressort des hommes d'expérience, et à ce titre, j'ai à peine le droit d'exprimer ici un vœu[1].

[1] *Sic :* CHAUVEAU et HÉLIE, chap. IX. — *Contra :* BERTAULD, p. 308; — TISSOT, p. 113.

XI. — La seconde partie de ma question est peut-être encore d'un plus grand intérêt. La réhabilitation, telle qu'elle existe dans notre droit, ne fait aucun obstacle à ce que les condamnations ultérieures n'entraînent les peines de la récidive. Or, c'est là une solution entièrement contraire, me paraît-il, au but et à la nature rationnelle de la réhabilitation. Qu'est donc ou du moins que devrait être cette institution, sinon un oubli complet et entier des fautes passées? Le coupable réhabilité devrait rentrer socialement au nombre des honnêtes gens. Ce serait une faveur qu'il ne faudrait pas accorder au hasard; mais plus il y aurait de difficulté à s'en rendre digne, plus aussi elle devrait être efficace. Ce serait une attestation délivrée par l'autorité sociale que la peine a entièrement rempli son but, qu'elle a complètement rétabli l'ordre, et qui plus est, qu'elle a radicalement guéri l'intelligence et le cœur du condamné. Établie sur de tels principes, la réhabilitation ne pourrait plus laisser après elle aucune place aux peines de la récidive. Après une déclaration solennelle de l'efficacité du châtiment, on ne peut plus soutenir son insuffisance et conclure de là à une augmentation de sévérité. La réhabilitation devrait être une vraie résurrection sociale pour le condamné, et les crimes qu'il commettrait ensuite seraient ceux d'un homme entièrement nouveau. Nous n'en sommes point là encore; espérons que nous y arriverons bientôt. Une humanité fausse ne doit jamais énerver les équitables rigueurs de la justice; mais il ne faut pas non plus négliger ce qui peut favoriser la moralisation des condamnés. Il faut surtout ne pas leur ôter l'espérance; et le meilleur moyen d'obtenir ce but bienfaisant, ne serait-ce pas d'offrir à tous la possibilité d'un pardon entier et sincère?

DEUXIÈME PARTIE

DE LA RÉCIDIVE AU POINT DE VUE HISTORIQUE

Cette deuxième partie de mon étude se lie tout naturellement à la première : elle est en effet une preuve de plus à l'appui de la thèse que j'y ai soutenue. J'ai défendu, au nom de la raison, la légitimité des peines de la récidive, et maintenant j'invoque l'expérience des siècles passés. On ne trouve pas sans doute dans les législations anciennes de théorie parfaite et réglée, comparable aux systèmes créés par nos codes modernes. A notre époque seulement appartient cet esprit d'ordre et de classement raisonné, qui a fait triompher la méthode philosophique dans la formation des lois. Ainsi, il n'y a pas de loi romaine, ni de déclaration des rois de France, qui ordonne d'une façon générale d'aggraver la peine des crimes commis en récidive. Mais il y a des dispositions isolées très nombreuses qui ont prévu la question dans des espèces de détail et même pour des genres d'infractions tout entiers, et partout la solution est identique. Nulle part on ne dit que la récidive n'aura aucune influence sur le châtiment à prononcer. Partout au contraire où elle est prévue, cette circonstance est une circonstance aggravante, et souvent même elle motive des supplices atroces. Quelle conclusion tirer de ces enseignements de l'histoire? Une seule, ce me semble : Que si nos lois actuelles se trompent, elles se trompent au moins avec celles du reste des hommes, ou plutôt que les unes et les autres sont dans le vrai, parce qu'elles répondent à un besoin général et impérieux de toutes les sociétés.

J'ai divisé cette étude historique en quatre chapitres : dans le premier, j'examine la législation romaine; — dans le second, j'étudie notre ancien droit français; — dans le troisième, le droit intermédiaire, — et dans le quatrième, les règles admises par les codes contemporains.

Je n'ai pas la prétention d'avoir réuni tous les documents sur le sujet. Un travail de cette nature serait impossible, et surtout il serait inutile. Je me suis attaché aux plus importants, à ceux-là surtout qui émanent d'une idée philosophique ou révèlent un système. Voici les quatre questions que je me suis efforcé surtout d'élucider : l'existence même du principe d'aggravation; — son caractère primitif de spécialité, modifié peu à peu par les idées plus larges de la généralisation; — la théorie des récidives successives, — et enfin les moyens employés pour découvrir les récidives. Ce sont là, en effet, les points principaux qui donnent à un système son individualité : sont-ils bien connus, tout le reste, à mon avis, n'offre plus qu'un intérêt de curiosité qu'on ne peut satisfaire sans nuire aux questions vraiment importantes et utiles.

CHAPITRE PREMIER

DROIT ROMAIN

Déjà, chez les peuples les plus anciens, la conduite passée des coupables entrait pour une large part dans l'appréciation des peines qu'ils méritaient. Hérodote, du moins, nous rapporte que cette considération avait chez les Perses une grande influence[1].

Les Grecs ne pouvaient manquer de suivre la même doctrine, car elle est entièrement conforme à la raison. Aristote, examinant les circonstances qui peuvent augmenter la culpabilité d'un homme, nous le dit en termes très simples et très clairs : la réitération de la même faute est une aggravation[2].

Sous la plume de Platon, ce principe important devait évidemment conduire à des résultats de la plus haute gravité[3].

[1] HÉRODOTE, I, 13; — VII, 194.

[2] *Kai to pollakis to auto amartanein mega.* (ARISTOTE, *Rhét.*, I, 14.)

[3] Voici comment il s'exprime : *Dikès oun oudeteron oudeteron elattonos eneka megethous tou clemmatos o nomos axioi dzemioun, alla tô ton men isôs an iasimon et'einai, ton d'aniaton. Xenon men dè tôn demosiôn è doulon an tis ti cleptonta en dicastèriô elè, ôs iasimô ek tôn eikotôn onti, o ti chrè pathein, è tina dzemiôn apotinein auton, è krisis gignesthô· ton de aston kai tethrammenon ôs estai tethrammenos an patrida sulôn è biadzomenos aliskètai, ean t'ep'autophôrô ean te mè schedon ôs aniaton onta thanatô dzemioun.* (PLATON, *Des Lois*, au commencement du liv. XII.)

Le philosophe se demande à quoi il faut s'attacher pour déterminer la peine d'un crime, et il ne s'arrête pas au plus ou moins d'importance du fait matériel, mais à la perversité plus ou moins grande du coupable, et surtout à cette considération décisive qu'il est encore ou qu'il n'est plus corrigible. S'agit-il d'un voleur étranger ou esclave, comme l'heureuse influence des lois de l'État ne s'est pas encore exercée sur lui, on présume que le malade peut être guéri par de sages remèdes, et l'on confie aux magistrats le soin de les choisir. Le criminel, au contraire, est-il un citoyen, il n'a plus d'excuse; la patrie l'a entouré de ses soins assidus, elle l'a élevé comme son enfant, et elle l'a vu cependant mépriser les lois qu'elle portait; il est donc incorrigible, et comme le crime prévu est, du reste, grave de sa nature, Platon n'hésite pas : il prononce la peine de mort.

Ce passage est très important; il nous montre en effet combien le principe sur lequel j'ai basé la légitimité des peines de la récidive était adopté et même exagéré par le prince des philosophes. Le seul fait d'avoir parfaitement connu la loi violée et d'avoir été soumis aux mesures de précaution qu'elle organise, est, d'après lui, une cause d'aggravation. A plus forte raison, en sera-t-il de même si le mépris de la loi préventive a été suivi du mépris de la loi répressive.

Aussi, dans le même ouvrage, Platon, quand il s'occupe de la récidive, prononce-t-il contre elle une aggravation de châtiment.

Platon n'aime ni les industriels ni les avocats.

Toute profession comme celle de marchand forain, revendeur, aubergiste, etc., est interdite aux citoyens sous peine d'un an de prison. La récidive emporte un an de plus d'emprisonnement. Quant aux avocats, s'ils sont convaincus de chicane, la première fois on doit prononcer contre eux une interdiction temporaire et, en cas de récidive, la mort[1].

Je n'insisterai pas davantage sur les documents de cette époque; ils sont fort rares. Le droit criminel des Grecs est peu connu et, du reste, j'en ai dit assez pour établir que nos idées modernes sur le sujet n'étaient pas repoussées, au moins par les intelligences les plus illustres de l'antiquité.

Le droit romain sera pour nous une mine plus riche. Si même nous voulions en croire les criminalistes de la Renaissance, il faudrait dire qu'il a eu sur la récidive une théorie entière. Farinacius, entre autres, traite le sujet *ex professo* dans sa question XXIIIe, sous ce titre : *Delicti pœna quando et quomodo augeatur propter delinquendi consuetudinem.* C'est un traité complet de doctrine et de pratique, dont toutes les décisions se montrent appuyées sur des textes nombreux du Digeste et du Code. Les deux hypothèses du cumul de délits

[1] PLATON, *Des Lois.* — Ces deux exemples sont cités par M. Van Hoorebeke, *De la Récidive*, p. 65. — Je n'indique pas autrement le passage de Platon; je n'ai pas pu, pour ma part, le vérifier. Je laisse donc à son auteur la responsabilité de la citation.

et de la récidive sont sans doute un peu confondues, mais elles ne le sont pas à ce point que la seconde n'apparaisse nettement avec tous les caractères qui la distinguent : *Amplia propositam regulam*, dit le jurisconsulte au n° 8, *ut pœna augenda sit propter consuetudinem delinquendi, etiam quod de primis delictis quis fuerit condemnatus et punitus : sic enim videtur probari in l. capitalium, § silent*, ff. *De Pœnis, ibi*, TRACTARI CLEMENTIS, *etc.*, *junctis aliis verbis, ibi*, NUNQUAM CAPITE PLECTENDI, *etc.* On le voit, c'est tout à fait la récidive tirée d'une loi romaine.

Au n° suivant, la doctrine est, je dirai, encore plus moderne. Farinacius rapporte l'opinion d'un certain nombre de docteurs qui, eux aussi appuyés sur des textes, soutenaient que l'habitude du crime, *delinquendi consuetudo*, était une cause d'aggravation seulement quand on se trouvait dans l'espèce de la récidive : *Amplia hanc secundam ampliationem ut imo pœna non possit augeri propter delinquendi consuetudinem, nisi quis de primis delictis fuerit condemnatus et punitus; cum alias, sine tali punitione reiterando delictum non possit dici incorrigibilis.* Le motif de raison surtout était remarquable; mais les textes à l'appui étaient moins décisifs. Aussi Farinacius repousse-t-il immédiatement cette opinion pour adopter celle de Gomez. D'après ce jurisconsulte, on peut aggraver la peine *propter delinquendi consuetudinem* sans que les premiers crimes aient été punis. Il veut seulement que l'aggravation porte sur la peine du dernier crime, jamais sur celle du premier, si les hasards de la procédure l'ont fait poursuivre avant les autres : *Quia posteriora delicta non punita non aggravant primum, licet bene priora aggravent ultimum*[1].

Des dissertations aussi longues, surtout quand elles ont pour base principale des fragments du Digeste, sont bien de nature à faire croire que la question avait été sérieusement traitée entre les Prudents romains. Aussi un des premiers jurisconsultes français qui ait creusé sur ce point l'histoire du droit criminel, M. Bonnèville, a-t-il écrit que « la législation romaine nous fournit « une série de dispositions tellement concordantes « entre elles et si évidemment conçues dans un « même esprit de sévérité, qu'on doit leur attri- « buer la force et l'autorité d'un véritable système « répressif. »

M. Bonneville a peut-être un peu oublié le droit romain des textes pour celui des glossateurs et de leurs adeptes. Il vaut mieux, je crois, se renfermer uniquement dans le Digeste et le Code, et alors on est loin d'obtenir une conclusion aussi affirmative que les paroles du savant magistrat. Pour moi, en droit romain, tout se borne à ceci : une vingtaine de textes qui prévoient et punissent certaines récidives spéciales, à peine distinguées d'une simple réitération, et quant à la récidive absolue, aucune théorie légale ; cependant, possibilité d'une aggravation accidentelle due à l'influence de ce principe, que les peines varient selon la qualité des coupables. Je vais exposer les documents, et le lecteur jugera.

[1] Farinacius, XXIII, 10.

I. — **Récidives spéciales.** — Je commence par les textes où je trouve confondus le cumul de délits et la récidive :

Grassatores qui prædæ causa id faciunt, proximi latronibus habentur, et si cum ferro adgredi et spoliare instituerunt, capite puniuntur ; utique si SŒPIUS, *atque in itineribus hoc admiserunt : cæteri in metallum dantur, vel in insulas relegantur.* (28, § 10, D., *De Pœnis.*)

Pour qu'il y ait peine de mort, le texte exige une seule chose : que le crime ait été souvent répété, *sæpius ;* mais où trouver la nécessité d'une répression après chaque fait ? La récidive est sans doute comprise dans l'espèce, mais le simple cumul l'est aussi.

La constitution 8, § 1, au Code, *Ad. leg. Jul. de vi,* emploie les mêmes termes : *Viles autem, infamesque personæ, et hi qui* BIS AUT SŒPIUS *violentiam perpetrasse convincentur, constitutionum divalium pœna teneantur.* Les personnes viles et infâmes étaient plus sévèrement punies que les hommes de réputation intacte, *integri status ;* les empereurs Valentinien et Théodose leur assimilent ceux qui ont l'habitude du crime, et l'habitude, remarquons-le, peut résulter de deux actes : *bis aut sœpius.* De ce texte, les glossateurs feront sortir le brocard : *Binus actus inducit deliberatam voluntatem.*

Enfin, je place ici la constitution 3, au Code, *De Episcopali audientia.* C'est un rescrit des empereurs Valentinien, Théodose et Arcadius, qui a pour but d'accorder la grâce d'un certain nombre de criminels. Il se termine en ces termes :

His ergo tali sub adstrictione damnatis, indultum nostræ serenitatis eo præcepti fine concludimus, ut remissionem veniæ crimina NISI SEMEL COMMISSA *non habeant : nec in eos liberalitatis Augustæ referatur humanitas qui impunitatem veteris admissi non emendationi potius quam consuetudini deputaverint.* Ce texte eut une destinée remarquable : il fut la base sur laquelle les glossateurs étayèrent la règle *Iterata delicta veniam non merentur ;* en récidive, point de pardon. Mais, en ce moment, je ne l'examine pas à ce point de vue ; je n'y veux étudier qu'une chose, la confusion entre la réitération et la récidive. Dès que le crime a été commis deux fois, le coupable ne mérite pas la grâce ; peu importe qu'il n'ait pas été châtié la première ; il devait profiter de l'impunité pour se corriger, non pas pour contracter l'habitude du mal.

Malgré ces textes, M. Bonneville a écrit : « La « récidive légale n'existait en droit romain, « comme dans notre législation actuelle, qu'au- « tant que le premier délit avait été juridique- « ment constaté et *puni*. Ce châtiment antérieur, « subi par le condamné, pouvait seul imprimer à « la rechute le caractère aggravant... Au défaut « de cette répression antécédente, la rechute « dans le délit n'était plus qu'une simple réitéra- « tion, laquelle n'entraînait pas une aggravation « nécessaire de pénalité[1]. »

Ai-je besoin de dire que je n'admets pas cette

[1] BONNEVILLE, p. 171.

doctrine? Elle est trop directement contraire aux documents que j'ai cités. Cependant, je croirais faire fausse route si j'en prenais le contre-pied. Il serait inexact de dire que la réitération et la récidive étaient toujours assimilées ; voici, en effet, des hypothèses où celle-ci est seule prévue et punie par les textes.

La première loi que j'ai à citer est historique dans ce sujet. C'est sur elle, en effet, que Farinacius et les docteurs de son temps ont édifié toute leur théorie de la récidive : *Solent quidem, qui vulgo se juvenes appellant, in quibusdam civitatibus turbulentibus se acclamationibus popularium accommodare : qui si amplius nihil admiserint, nec ante sint a præside admoniti, fustibus cæsi dimittuntur, aut etiam spectaculis eis interdicitur; quod si ita correcti, in iisdem deprehendantur, exilio puniendi sunt : nonnunquam capite plectendi; scilicet cum sæpius seditiose et turbulente se gesserint, et aliquotiens deprehensi, tractati clementius, in eadem temeritate propositi perseveraverint.* (28, § 3, D., *De Pœnis.*) Pour prononcer la peine de l'exil ou de la mort, il ne suffit plus de la répétition des actes coupables, il faut une première répression : *Quod si ita correcti in iisdem deprehendantur, etc.* Mais on voit combien l'hypothèse prévue par le jurisconsulte est spéciale, et je ne sais trop comment on a osé construire une théorie générale sur un texte de cette nature.

Du reste, il n'est pas entièrement isolé, reconnaissons-le; mais les autres espèces que je vais maintenant examiner sont, elles aussi, des espèces exceptionnelles :

Patronorum querelas adversus libertos præsides audire, et non translatitie exsequi debent; cum, si ingratus libertus sit, non impune ferre eum oporteat. Sed si quidem inofficiosus patrono, patronæ, liberisve eorum sit, tantummodo castigari eum sub comminatione aliqua severitatis non defuturæ, si rursus causam querelæ præbuerit, et dimitti oportet. (1, D., *De Jure patronatus.*) Il n'y a ici qu'une menace d'aggravation pour le cas où la récidive se produirait; il n'y a pas encore la récidive elle-même. Je passe à une autre hypothèse :

Si plures simul primo deseruerint, deinde intra certum tempus reversi sint : gradu pulsi in diversa loca distribuendi sunt; sed tironibus parcendum est, qui, si iterato hoc admiserint, pœna competenti adficiuntur. (3, § 9, D., *De Re militari.*) Il faut, ce me semble, remarquer que ce texte ne prévoit que la récidive des conscrits, *tirones*; eux seuls doivent obtenir leur grâce à la première faute, pour subir à la seconde les peines légales. S'agit-il, au contraire, de soldats déjà formés, Modestin les punit de leur première désertion et il ne prévoit pas leur récidive. On pourrait donc ici trouver une preuve que si la récidive était habituellement une cause d'aggravation, elle pouvait cependant rester quelquefois oubliée.

Voici un autre texte qui s'occupe, lui aussi, d'un délit militaire et offre ceci de singulier, qu'il prévoit une troisième rechute : *Jubemus ut si quis transfuga in patriam recurrat, quum semel duntaxat transfugerit, veniam consequatur; si iterum id fecerit, in triennalem servitutem condemnetur; si vero tertio transfugerit, reversus in perpetuam ac æternam servitutem adigatur.* (*Nov. Leon.*, LXVII.)

Cinquième espèce : *Quicquid ultra debitum fuerit elicitum a curialibus, vel cohortalibus, vel aliis exactoribus, in duplum eruatur : quod provincialibus restitui protinus oportebit. Si quis autem exactorum in superexactionis crimine fuerit confutatus, capitali periculo cupiditas ejus amovenda atque prohibenda est, si in iisdem sceleribus perseveret.* (1, C., *De Superexactionibus.*)

L'empereur Léon modifia plus tard la sévérité de cette disposition ; mais lui aussi prévoit la récidive : *Si quis in id crimen incidisse deprehendatur, semelque tantum id ausus sit, quod amplius exegerit, ejus duplum dependat : sin id facere pergat, in quadruplum quod amplius captum est, ad injuria affectum redeat, illeque cum ignominia a concredito sibi officio decedat. Ac sit sane posthac delicti hujus hæc pœna, neque pecuniariæ fraudis reus de vita periclitetur.* (*Nov. Léon.*, LXI, *in fine.*)

Enfin, un rescrit de Constantin, qui punit le recel d'esclaves fugitifs et ses récidives : *Quicumque fugitivum servum in domum vel in agrum inscio domino ejus suscepit, eum cum alio pari vel viginti solidis reddat. Si vero secundo vel tertio eum susceperit præter ipsum duos vel tres alios vel prædictam æstimationem pro unoquoque servo domino repræsentet.* (4, C., *De Serv. fugit.*)

Je ne connais pas d'autre texte ayant réellement trait à la partie du sujet que je viens d'exposer. Je devrais donc passer à la récidive générale ; mais auparavant je veux m'expliquer sur quelques fragments du Digeste, qu'on a très souvent cités en matière de récidive, et à tort, selon moi. Il s'agit des espèces que l'on appellerait dans notre droit actuel rupture de ban et évasion. Elles sont prévues par les fr. 4, 8 §§ 6 et 7, 28 §§ 13 et 14, D., *De Pœnis*. Je cite seulement le dernier ; il est le résumé des deux autres : *In exulibus gradus pœnarum constituti edicto divi Hadriani : ut, qui, ad tempus relegatus est, si redeat, in insulam relegetur ; qui relegatus in insulam, excesserit, in insulam deportetur : qui deportatus excesserit, capite puniatur. Ita et in custodiis gradum servandum esse, idem Princeps rescripsit : id est, ut qui ad tempus damnati erant, in perpetuum damnarentur : qui in perpetuum damnati erant, in metallum damnarentur : qui in metallum damnati id admiserint, summo supplicio afficerentur.* La loi 4, *De Pœnis*, établit de plus un degré intermédiaire entre la *relegatio ad tempus*, et la *relegatio in insulam*, au moyen de la *relegatio in perpetuum* simple. De même, la loi 8, § 6, établit une gradation entre ce qu'elle appelle *opus metalli* et la véritable condamnation aux mines, *ad metalla*. Ajoutez enfin le fr. 1, D., *De Effractoribus*, qui punit de mort toute évasion, *carcere effracto*, et vous aurez un tableau complet de la législation sur ce point.

Mais est-ce là de la récidive ? J'ai déjà dit que je ne le pensais pas. Sans doute cette gradation de peine, établie par Adrien, ressemble fort aux dispositions de nos articles 56 et suivants. Il pouvait même arriver qu'un criminel, condamné d'abord à une simple *relegatio ad tempus,* vînt à parcourir, par suite d'évasions réitérées, toute l'échelle pénale. Mais il ne faut pas se laisser prendre aux apparences. Le crime puni, c'est uniquement le fait matériel de la fuite ; le crime change selon la peine à laquelle le fugitif voulait se soustraire ; voilà tout : mais on ne rencontre pas le caractère distinctif de la récidive, circonstance entièrement étrangère au fait matériel de l'infraction dont, cependant, elle change la peine légale. Du reste, je n'insiste pas ; nous trouvons en droit français des espèces identiques à propos desquelles je reviendrai sur la démonstration que je viens d'indiquer.

II. — **Récidives générales.** — Je n'ai trouvé ni au Digeste ni au Code aucun texte qui ordonnât d'aggraver la peine d'un criminel toutes les fois qu'il aurait été condamné antérieurement pour un fait quelconque. J'avais déjà annoncé ce résultat ; l'espèce n'est même pas prévue. Mais, d'un autre côté, il y avait un principe important en droit romain, qui, pour les récidives commises après des crimes graves au moins, comblait cette lacune. Ce principe, c'est que la peine variait selon la qualité du coupable : *Aut facta puniuntur,* dit le fr. 16, *De Pœnis, aut dicta..., aut scripta..., aut consilia... Sed hæc quatuor genera consideranda sunt septem modis : causa, persona, loco, tempore, qualitate et eventu... Persona dupliciter spectatur, ejus qui fecit et ejus qui passus est ; aliter enim puniuntur ex iisdem faci-*

noribus servi quam liberi, etc., et je rapproche immédiatement le fr. 28, § 16, du même titre : *Majores nostri in omni supplicio severius servos quam liberos, famosos quam integræ famæ homines punierunt.*

Il suffit maintenant de se rappeler les conséquences ordinaires des condamnations criminelles et nous verrons sans peine le résultat. La condamnation aux mines, on le sait, faisait toujours de l'homme libre un *servus pœnæ*. D'autre part, l'infamie était attachée à toute condamnation prononcée dans un *judicium publicum*, et même à bon nombre de délits privés. (7, D., *De publicis judiciis*. — 1, D., *De his qui not. infamia*.) Si donc la première condamnation avait entraîné l'infamie ou la perte de la liberté, la peine des crimes commis en récidive se trouvait être, par la conséquence de ce principe, une peine nécessairement aggravée. Ce raisonnement est rigoureux, et voici, d'ailleurs, un exemple que je trouve au Digeste. Le jurisconsulte Macer vient de dire que, dans le cas où l'homme libre devait être simplement bâtonné, *fustibus cæsus*, il y avait lieu de flageller l'esclave, *flagellis cædi*; puis il ajoute : *Qui ex causa in metallum dati sunt, et post hoc deliquerunt, in eos tanquam metallicos (id est servos) constitui debet : quamvis nondum in eum locum perducti fuerint ubi operari habent; nam statim ut de his sententia dicta est, conditionem suam permutant.* (10, § 1, D., *De Pœnis*.)

Voilà, je crois, tout ce qu'il est possible de dire sur les récidives générales. Deux mots maintenant sur l'usage de la *marque*. La marque, comme nous le verrons, du reste, plus amplement dans notre ancien droit français, est le moyen, sinon le plus humain et le plus moral, au moins le plus sûr, de signaler les criminels à la réprobation et aux précautions des honnêtes gens. En même temps, dans les hypothèses où la récidive devait aggraver la peine, c'était à la marque qu'on demandait des preuves. Ce fut même là, comme le fait observer M. Bonneville, sa seule utilité dès qu'il fut interdit de l'imprimer sur une partie apparente du corps.

La marque, à Rome, était spécialement réservée aux esclaves, aux esclaves fugitifs entre autres, et aux *servi pœnæ*. Cependant les hommes libres n'y échappèrent pas toujours. La loi Julia ordonnait que les calomniateurs seraient marqués au front de la lettre K. Tout le monde a lu le discours de Cicéron *pro Roscio* et l'on connaît le passage : *Si hos judices bene novi*, LITTERAM ILLAM *ita vehementer ad caput affligent, ut postea neminem accusare possitis.* Ce fut Constantin qui, le premier, défendit de marquer au visage : *Si quis in metallum fuerit pro criminum deprehensorum qualitate damnatus, minime in ejus facie scribatur : cum et in manibus et in suris possit pœna damnationis una subscriptione comprehendi : quo facies quæ ad similitudinem pulchritudinis est cœlestis figurata, minime maculetur.* La religion chrétienne avait obtenu ce premier adoucissement à un genre de preuve atroce ; l'élévation du motif invoqué par l'empereur le dit assez. Malheureusement, les lois barbares revinrent en arrière et nous aurons encore à déplorer au moyen-âge des mutilations affreuses.

J'ai, en terminant, deux observations importantes à présenter. En premier lieu, les textes qui s'occupent de la récidive appartiennent tous à l'époque la moins ancienne du droit. Ils se trouvent dans le Code bien plus que dans le Digeste, et aucun, sauf une constitution de Théodose, n'a trait aux crimes prévus par les *Quæstiones perpetuæ*, encore moins aux *privata delicta*. La conclusion à tirer de ce fait me paraît être que la théorie de la récidive exige une législation déjà formée et assise sur des bases philosophiques. Aussi est-ce surtout comme une règle de conduite rationnelle pour le juge et non pas comme un ordre impérieux de la loi, que nous avons vu l'aggravation des peines pour récidive prévue dans les textes. Ce résultat, du reste, pour ceux qui ont étudié avec quelque soin le droit criminel de Rome, n'a rien d'étonnant. Dans les délits privés d'abord, il ne pouvait être question de récidive. Les délits privés se rattachent pour nous au système des compositions pécuniaires qui, à l'origine de toutes les sociétés, a été le moyen nécessaire de supprimer la vengeance individuelle. Or, avec les compositions, c'est un point que l'examen du droit barbare nous démontrera à l'évidence, les récidives ne sont pas connues. Comme, en effet, tout alors est individuel, il faudrait à la récidive une circonstance de plus trop rare pour être prévue, à savoir : l'identité de la personne offensée par les diverses infractions.

Les lois organisatrices des *Quæstiones perpetuæ* ne se sont pas, selon nous, occupées davantage des récidives. Il y en a deux motifs très plausibles l'un et l'autre. Le premier, c'est que ces lois prononçaient des peines habituellement sévères qu'il n'était pas besoin d'aggraver; le second, qui me paraît même meilleur, c'est que toutes elles entraînaient l'infamie et par cela seul plaçaient les condamnés sous la menace de peines plus sévères s'ils commettaient de nouveaux crimes.

Voilà pourquoi les textes qui s'occupent de récidive ont trait habituellement à des infractions, je dirai secondaires, qui n'ont été prévues que fort tard par l'interprétation des Prudents ou les Constitutions impériales.

Or, pour ce genre de crime, et c'est ici la seconde observation que j'avais à faire, une théorie complète et rigoureuse était inutile. Aussi nous ne l'avons pas trouvée dans les sources. Elle était inutile, dis-je, à cause du pouvoir d'arbitrage laissé au magistrat. Les infractions de cette nature, en effet, étaient jugées *extra ordinem*, et cette procédure a toujours eu pour corollaire l'arbitraire de la peine. Ce principe, on le sait, finit, du reste, par être peu à peu généralisé quand Septime-Sévère eût complètement aboli les *quæstiones ordinariæ;* et dès lors notre observation put aussi s'appliquer à tous les crimes. Quand la loi ne donne au juge que la raison pour guide dans l'application des peines [1], doit-elle lui répéter, à propos de chaque délit, que la récidive entraîne une aggravation? Ne suffit-il

[1] 13, D., *De Pœnis*.—Voy. aussi mon *Etude sur la complicité*, p. 10 à 22.

pas, au contraire, de lui montrer par quelques exemples combien cette aggravation est raisonnable et conforme à l'esprit du droit? et c'est aussi, d'après nous, à quoi s'étaient bornés les jurisconsultes romains.

Le vieux droit ne s'était pas occupé de la récidive d'une façon spéciale parce qu'elle ne pouvait pas trouver place dans son système répressif, et qu'elle était suffisamment remplacée par d'autres institutions. Le droit nouveau prévit l'hypothèse et admit le principe d'aggravation, mais il ne créa pas une théorie complète, parce que le principe des peines arbitraires, fondamental à cette époque, la rendait inutile.

CHAPITRE II

ANCIEN DROIT FRANÇAIS

SECTION Ire

DROIT BARBARE ET FÉODAL.

Le plus ancien monument du droit criminel à cette époque, la loi Salique, ne contient aucune disposition sur la récidive; du moins, malgré une lecture attentive, je n'ai su en découvrir aucun. De ce fait, j'ai cru légitime de conclure que le système des compositions pécuniaires ne s'occupait pas des récidives, et même qu'il ne pouvait pas s'en occuper. J'ai déjà donné à l'appui de cette opinion un premier motif tiré de ce que la récidive devait être alors une hypothèse exceptionnelle. La composition pécuniaire, c'est une transaction entre l'offenseur et l'offensé, le prix du rétablissement de la paix que le crime avait rompue entre eux. C'est donc seulement entre ces deux parties que les effets du crime sont restreints, et alors, pour qu'il y ait récidive, ne faut-il pas supposer que les deux infractions, que les deux offenses ont eu lieu contre la même personne? Or, l'expérience nous le démontre encore chaque jour, cette espèce n'est pas de nature à se produire souvent; c'est une exception que les lois criminelles peuvent parfaitement négliger.

Le principe même de la pénalité n'était pas de nature, d'ailleurs, à conduire alors à la répression des récidives. Quels sont les motifs qui justifient, dans notre espèce, l'aggravation des peines ? J'en ai indiqué deux, et il n'y en a pas d'autre : la perversité morale du coupable et son impénitence. Eh bien ! je le demande, étaient-ce là des considérations capables de toucher les Germains? La perversité des cœurs? est-ce qu'ils s'en occupaient? — La moralisation du coupable? était-ce là leur but? Punir, chez eux, c'était satisfaire une passion individuelle, et la passion sut-elle jamais raisonner? La société n'intervenait même pas à cette époque ; ou, si elle intervenait, c'était uniquement pour imposer aux parties une transaction. Elle ne se croyait pas lésée si ce n'est par le trouble qui pouvait résulter pour elle de la vengeance plus encore que de la faute; et si elle agissait, ce n'était pas tant contre l'offenseur; c'était surtout contre l'offensé, dont elle limitait le droit, tout en le reconnaissant. Pour trouver des documents sur la récidive, il faut passer à une législation plus avancée; il faut attendre l'organisation d'un pouvoir public; il faut donner à la société le temps de comprendre combien les crimes l'intéressent plus encore que les particuliers. Alors la vengeance aveugle de l'individu se retirera peu à peu devant la peine rationnelle, ou du moins devant la vengeance de tous ; on saura apprécier la gravité des fautes ; on comprendra au moins qu'il importe d'arrêter les entreprises de ceux qui ont le crime pour seule profession, et dès lors les lois s'empresseront de punir les récidives.

L'examen de la *Lex Romana Visigothorum* est pour moi une preuve de plus, et des plus fortes, à l'appui du système que je viens d'exposer. La loi des Visigoths, en effet, dans toutes ses dispositions pénales où elle admet les compositions pécuniaires, est tout aussi muette que la loi Salique sur les récidives. On peut lire notamment les titres *de Furtis, de Damnis arborum, de Damnis animalium, de Cœde et Morte hominum* ; on n'y rencontre pas le moindre texte sur notre hypothèse. Mais la loi des Visigoths révèle déjà une législation plus avancée que la loi Salique : elle n'a pas admis les compositions pécuniaires pour tous les crimes. Il y a des espèces très importantes, où la loi, au nom de l'intérêt public lui-même, prononce des peines véritables, et alors la récidive est prévue par de nombreuses dispositions. Je cite textuellement :

Si aliqua puella ingenua meretrix agnoscatur, trecentis flagellis publice verberetur. Et si postmodum ad pristina facta rediisse agnoscitur, iteratim trecenta flagella suscipiat, et donetur a nobis alicui pauperi, ubi in gravi servitio permaneat. Si vero ancilla in civitate simili conversatione habitare dignoscitur, trecentis flagellis publice verberetur, et decalvata domino reformetur, sub ea conditione ut eam longius a civitate faciat conversari. Quod si forsitan hæc iterum ad civitatem reversa fuerit, ipsa donetur alicui pauperi, ita ut postmodum ad eamdem civitatem illi veniendi aditus non præstetur. (Tit. III, art. 16.)

De même pour le crime de fausse-monnaie : *Qui si solidos adulteraverit, circumciderit, sive raserit, ubi primum hoc judex agnoverit, statim eum comprehendat : et si servus fuerit, eidem dextram manum abscindat. — Qui si postea in talibus causis fuerit inventus, regis præsentiæ destinetur, ut ejus arbitrio super eum sententia depromatur.* (L. VIII, tit. VI, fr. 2.)

De même encore pour le cas de sortiléges : *At nunc quia et auguriis deditos eodem modo novimus odibiles Deo, ideo speciali legis sanctione decernimus, ut quicumque sunt illi quibus augures vel auguria observare contigerit, quinquagenis publice subjiciatur verberibus coercendi. Qui tamen ad solitum vitium ultra redierint, perdito etiam testimonio, simili erunt sententia flagellorum subjiciendi.* (Lib. VI, tit. II, fr. 5.)

Voilà trois espèces remarquables où la récidive après une première condamnation est très nettement prévue et punie d'une aggravation de châtiment. Mais, je le répète, il s'agit, dans ces espèces, de vrais crimes punis de peines véritables, tandis que, dans les espèces où la loi admet encore le principe de la composition, elle ne parle pas de la récidive.

Aussi, dans les contrées du nord, où le système

germain se conserva le plus longtemps, la récidive ne fut-elle punie que fort tard. Ainsi, chez les Danois, cette circonstance ne fut pas prise en considération avant le XIIIe siècle[1].

Chez les peuples du midi et du centre, au contraire, qui avaient plus rapidement amélioré leur système criminel, la récidive est universellement reconnue dès notre époque comme une cause d'aggravation. Mais, et c'est encore un titre de plus à l'honneur de ce monument de droit remarquable à tant d'égards, c'est la loi des Visigoths qui, la première des lois barbares, a proclamé sur notre sujet les véritables principes.

Les Lombards, eux aussi, admettaient des peines pour la récidive; c'était habituellement le double du châtiment infligé au délit primaire[2].

Il en était de même, paraît-il, chez les peuples Slaves; mais la peine n'était pas toujours identique. Il y aurait eu de plus chez eux cette particularité que l'aggravation était admise depuis une époque très reculée[3].

En France, Charlemagne, quand il décerna contre certains crimes des peines corporelles, eut soin de punir d'une manière spéciale la récidive. Il décida qu'un voleur serait condamné pour la première fois à avoir un œil arraché; pour la seconde, à avoir le

[1] KOLDERUP-ROSENVINGE'S *Grundriss der dänischen Rechtsgeschichte*, etc., p. 222.

[2] CANCIANI, *Leges barbarorum antiquæ*, I, p. 72, col. 1.

[3] MACIEIOWSKI, *Slavische Rechtsgeschichte*, t. II, p. 160. — TISSOT, p. 109.

nez coupé, et pour la troisième, à avoir la tête tranchée[1].

Enfin, si nous franchissons les quatre cents ans qui nous séparent du treizième siècle, nous retrouvons encore le même principe proclamé dans les lois et les livres qui ont été inspirés par le droit féodal :

« Se il meschiet a fame qui tue son enfant par « méchéance, ou estrangle de jour ou de nuit, « elle ne sera pas arse du premier. Ains la doit-on « rendre à Sainte-Église; mais si elle en tuait un « autre, elle en serait arse, pour ce que ce serait « accoutumé[2]. »

« Et cil perd les iex qui emble rien en moustier, « et qui emble choe de charrue, il doit perdre « l'oreille au premier meffet; et de l'autre larrechin, « il perd le pied ; et à tiers larrechin, il est « pendable[3]. »

Cette législation, du reste, n'existait pas seulement en France; voici un texte des constitutions données à Naples et à la Sicile par l'empereur Frédéric, qui nous la montre adoptée en Italie : *Quicumque falsitatem aut fraudem aliam in mensuris seu ponderibus inventus fuerit commisisse, libram auri fisco componat. Si secundo fuerit deprehensus in simili, manum ejus decernimus amputandam, et si tertio iteraverit, ipsum suspendi jubemus*[4].

[1] HOOREBEKE, p. 71. — Cet auteur n'indique pas le capitulaire; il m'a été impossible de le retrouver.

[2] Establissements de saint Loys, art. 35.

[3] Id., chap. XXIX.

[4] Liv. III, tit. XXXIII, art. 14.

En voilà assez pour démontrer l'origine et l'existence du principe d'aggravation aux deux époques que je viens d'examiner. Je passe maintenant aux Coutumes et aux Ordonnances.

SECTION IIe

DROIT DES COUTUMES ET DES ORDONNANCES

Je réunis dans une même section ces deux genres de documents, parce qu'à notre point de vue surtout, les deux périodes auxquelles ils se rapportent ne sont pas distinguées l'une de l'autre. Je tâcherai d'être court : cette partie de l'histoire de la récidive a été, en effet, traitée à fond par M. Bonneville ; s'il avait un peu négligé l'époque précédente, ici au contraire il a tout réuni, et j'aurai peu de choses à citer qui ne soit déjà dans son ouvrage. Je vais donc me borner à résumer, avec le plus de méthode possible, les principes qui intéressent mon étude. Je citerai, à l'appui de mes assertions, les textes les plus intéressants, et pour le reste je renverrai aux sources.

§ 1er. — **Existence du principe même d'aggravation. — Des récidives spéciales.** — Le premier point sur lequel notre attention doive se porter, c'est l'existence du principe même d'aggravation des peines en cas de récidive. Or, il y avait dans notre ancien droit deux sortes de peines : « La peine, dit Muyart de « Vouglans, considérée par rapport au juge qui « la prononce, est encore divisée en ordinaire, « ainsi appelée parce qu'elle doit être prononcée « telle qu'elle est portée par la loi, et en extraor- « dinaire ou arbitraire, parce que la loi laisse au « juge la liberté de la prononcer suivant les « circonstances [1]. »

Il faut donc étudier l'influence de la récidive sur les unes et les autres.

I. — Je commence par les peines extraordinaires soit arbitraires.

Muyart de Vouglans vient de nous le dire, c'étaient les circonstances qui devaient diriger le juge dans l'application de la peine arbitraire : *Moribus nostris*, dit encore Voët, *pœna arbitraria est ; id est pro modo et gravitate admissi criminis.* (*Pand.*, lib. XLVIII, tit VI.) *Considerabatur,* disait Damhouder, *an reus homo erat probatæ vitæ aut culpatæ.* (*Praxis criminalis,* cap. CXII.) Or, parmi ces circonstances, parmi ces antécédents du coupable, la récidive ne devait-elle pas occuper le premier rang? Je cite encore Muyart de Vouglans. Il a énuméré parmi les causes qui modifient les peines, ce qu'il appelle la quantité, et quand il en vient à expliquer ce point, voici comment il s'exprime : « La quantité se mesure aussi sur

[1] MUYART DE VOUGLANS, *Lois criminelles*, L. II, t. III, § 2.

« la multitude des crimes commis par la même « personne ; sur quoi il faut néanmoins distin- « guer si ces crimes sont de même nature ou de « genres différents. Au premier cas, l'on ne peut « douter qu'à cause de l'habitude et des récidives, « il n'y ait lieu de punir cette personne plus « sévèrement que si elle n'avait délinqué que « pour la première fois. Nous aurons lieu d'en « donner des exemples en fait de blasphèmes, « de vols, etc. Mais au second cas où la même « personne serait inculpée d'avoir commis d'au- « tres crimes que celui qui fait le titre particu- « lier de l'accusation, il est certain que ces « autres crimes ne pourraient servir à faire « augmenter la peine qu'autant qu'ils auraient été « déférés eux-mêmes à la justice, et que l'accusé « en aurait été convaincu dans les formes judi- « ciaires [1]. »

De ce passage, il est bien impossible de ne pas conclure que la récidive était, en principe, un motif pour le juge d'apprécier les peines arbitraires. Quand il s'agissait de rechute dans le même délit, il résulte de plus de ce même passage que la réitération simple, sans récidive, était à elle seule une cause d'aggravation.

Mais, faut-il conclure aussi des mêmes documents que l'aggravation dans ce cas était forcée? M. Bonneville est allé jusque là : « La loi, dit-il, « confiait aux juges l'arbitraire de la sévérité, « mais non l'arbitraire de l'indulgence [2]. »

[1] Muyart de Vouglans, liv. I, tit. iv, § 6.
[2] Bonneville, p. 212.

Pour moi, je me refuse à le suivre jusqu'à cette extrémité. Sans doute j'admettrai avec M. Alauzet que les juges « qui pouvaient rendre la peine plus « dure, si l'accusé leur paraissait plus coupable, « y manquaient rarement au cas de récidive[1]. » Mais je n'ajouterai pas avec M. Bonneville « qu'ils « n'y manquaient jamais [2]. » Surtout, je me garderai de soutenir qu'ils n'avaient pas le droit d'y manquer.

Il y avait des espèces, je le reconnais, où la théorie de M. Bonneville me paraît exacte. Telle est celle prévue par l'ordonnance de François Ier, de 1518. Après avoir fixé la peine du premier délit, l'ordonnance ajoute : « Et s'ils renchéent, « ou estoient coustumiers de ce faire seront plus « griefvement punis. » Telle est encore la disposition de l'art. 8, chap. XXXIX, de la coutume de Lodunois : « Le domestique qui fait furt à son « maître, sans bris, si ledit furt est jusques à 20 « sols, doit être battu par les carrefours pour la « première fois; pour la seconde, la peine est « arbitraire. » Dans des espèces pareilles seulement, on peut dire que l'arbitraire de la sévérité seul était laissé au juge. Mais si l'on était en présence d'infractions sur lesquelles la loi avait gardé un silence absolu, si l'on était en présence, en un mot, de véritables peines arbitraires, où aurait été le motif de refuser au juge le droit de prononcer une peine même inférieure à celle du premier délit ?

[1] ALAUZET, *Essai sur les peines*, p. 76.

[2] BONNEVILLE, p. 213.

Qu'est-ce qu'arbitrer ? s'écrie M. Bonneville ; n'est-ce pas équilibrer le délit et la peine ? n'est-ce pas chercher à s'approcher le plus près possible de la justice parfaite[1] ? — Oui sans doute, répondrai-je, mais c'est aussi avoir le droit de se guider seulement par les lumières de sa conscience et de sa raison; c'est aussi avoir le droit ou pour dire plus juste, la faculté de se tromper, et c'est même la cause grave qui a, de tout temps, rendu si dangereux le principe de l'arbitraire des peines.

M. Bonneville, ce nous semble, s'est peut-être un peu laissé guider dans cette circonstance par l'antipathie qu'il éprouvait pour les réformes introduites, en matière de récidive, par l'art. 463 de la loi de 1832. M. Bonneville trouvait exagéré le pouvoir, en réalité immense, confié par cet article aux Tribunaux correctionnels, et il avait, je crois, entrepris de démontrer, au moins indirectement, que c'était un droit inouï dans notre histoire. Pour moi, cette difficulté était entièrement étrangère à la question historique. Je l'ai donc complètement laissée de côté, et je me suis borné à exposer la théorie qui me paraissait également commandée par les principes et les textes.

II. — En ce qui touche les peines ordinaires, celles qui étaient prononcées par les lois, la difficulté n'est pas, à beaucoup près, aussi grande. La récidive est prévue dans des textes nombreux

[1] BONNEVILLE, p. 210.

soit de Coutumes, soit d'Ordonnances, et presque partout elle motive une aggravation. Il s'agit uniquement de citer ici les textes les plus intéressants :

« Si aucun commet larrecin, pour la première « fois, il sera puni selon la discrétion et arbitrage « du juge, jusqu'à mutilation de membre exclu- « sivement ; pour la seconde, à discrétion du juge, « jusqu'à mutilation inclusivement. » (Cout. de Nevers, chap. I, art. 8.)

« Et qui dérobera bois et aubert sec ou vert, « pour la première fois paiera vingt sols tournois; « et à la seconde fois, sera fouetté par la ville et « aux champs, ès lieux où l'on a accoutumé à « fouetter malfaiteurs. » (Cout. de Bordeaux, chap. XII, art. 112.)

« Qui portas faux témoignage, o a quet qui « par inductions, subornations, promessas o me- « nassas, procura faussetaz de instruments, testi- « moniis, contractes o autres scripturas, et qui « las fô, per la prumera vegada (fois) perdera lo « punh, et per la seconda sera penut et estran- « glat. » (Cout. de Béarn, *des Peines*, art. 9.)

« Enjoignons aux bouchers, rôtisseurs et autres « marchands de comestibles de n'exposer en « vente au public, au saint temps de carême, « aucunes chairs, ni pareillement volaille, gibier, « etc., et ce sur peine de 50 livres d'amende « pour la première fois, et la seconde de 100 « livres et de peine corporelle. » (Ord. de Henri II, du 5 janvier 1549, art. 27.)

« Défendons aux gens mariés, ayant ménage et

« domicile dans le lieu d'aller manger et boire ès « tavernes et cabarets, à peine d'amende pour la « première fois et de prison pour la seconde. » (Ord. d'Orléans, de janvier 1560, art. 6.)

« Défendons à tous nos sujets tout port et « usage d'armes à feu, à peine de confiscation « desdites armes et de 200 écus d'amende, et « de tenir prison jusqu'au paiement d'icelle pour « la première fois, et de la vie et perte des biens, « pour la deuxième, sans espérance de grâce, « pardon ni rémission, auxquels si aucuns étaient « par surprise et importunité obtenus, nous dé- « fendons à nos juges d'y avoir égard. » (Ord. de Henri IV sur le port d'armes[1].)

Les derniers mots de ce texte sont remarquables. Ils prouvent combien les récidives, dans ce crime spécial surtout, paraissaient dangereuses. Henri IV s'interdit à lui-même le droit de grâce, et même il va plus loin : il se met en garde contre sa bonté, et impose aux juges l'obligation de ne pas lui obéir.

Cependant quand les délits ne revêtaient pas un caractère aussi grave, l'ancien droit savait aussi faire la part de l'indulgence, et voici main-

[1] Consulter aussi : Cout. de Nevers, chap. x, art. 16 ; — de Bordeaux, chap. xii, art. 113 ; — de Bayonne, t. XXV, art. 2 et 3 ; — de Valenciennes, art. 112 et 113 ; — de Béarn, art. 9 ; — de Sole, art. 6 ; — de Bourgogne, art. 5. — Ord. de Louis XI, du 12 mars 1478 ; — de François Ier, de février 1518, art. 2 ; — de Charles IX, du 15 février 1561 ; — de Louis XIII, de février 1628, art. 10 ; — de Louis XIV, du 13 août 1669, art. 6 et 8 du titre xxxi ; — de Louis XIV encore, l'édit d'octobre 1685.

tenant deux exemples où la récidive n'entraînait aucune aggravation :

« Lesdits avocats seront briefs en leurs plai-
« doyers et escritures, sans de longs préambules, « ni langages superflus, et non servant à la « matière ; et se garderont en plaidoyant ou escri-
« vant, injurier leur partie adverse ou son avocat, « à peine de 10 livres d'amende, pour *chacune* « fois qu'ils useront desdites paroles injurieuses. » (Cout. de Hainaut, 6, 37.)

« Ne pourront lesdites femmes des présidents, « maîtres des requêtes et magistrats des cours « porter dorures à la tête de quelque sorte « qu'elles soient, sinon la première année qu'elles « seront mariées ; et seront les chaînes, carcans « et bracelets qu'elles porteront sans aucun émail ; « et ce, sur peine de 200 livres parisis d'amende « *pour chacune fois*, laquelle amende avons dès à « présent donnée aux pauvres. » (Ord. de Char-
« les IX, du 22 avril 1561, art. 4[1].)

M. Bonneville fait suivre ce texte de l'observation que voici : « Peut-être Charles IX crut-il « trop rigoureux, à raison de l'évidente probabi-
« lité des rechutes, de soumettre ces dames à la « règle commune de l'aggravation, et partant, « voulut-il créer en leur faveur une gracieuse « exception. » Et en effet, ajoute-t-il, l'aggravation reparaît dans toute sa rigueur à l'égard des fabricateurs des parures prohibées. Pour la première fois seulement, ils étaient condamnés à la même

[1] Voy. aussi art. 149 de la Cout. d'Anjou.

amende que leurs clientes ; pour la seconde, à une amende double et au fouet[1].

Je m'arrête sur ce sujet. J'ai cité, je crois, tout ce qu'il était nécessaire de citer pour montrer l'existence du principe et son application à toutes sortes d'affaires, et en même temps l'absence de mesure fixe dans l'aggravation, et les exceptions qui pourraient se rencontrer. Ceux qui désirent de plus longs détails doivent lire l'ouvrage de M. Bonneville.

§ 2. — **Des Récidives réitérées.** — Je m'occupe, dans ce paragraphe, d'un caractère très saillant de la théorie admise par notre ancien droit sur les récidives. Aujourd'hui, dans notre droit actuel, la peine n'est aggravée qu'à la première récidive. Si le coupable fait une seconde rechute, il continue sans doute à être puni comme récidiviste, mais il n'y a pas aggravation sur aggravation. Les textes de l'ancien droit que j'ai cités jusqu'à présent sont tous conçus dans le même esprit ; mais il faut dire aussi qu'une théorie différente était admise dans de nombreuses hypothèses et que, même pour les espèces les plus graves, c'était elle qui avait prévalu. Une fois le principe de l'aggravation pour récidive admis, il paraissait logique de décider qu'une seconde récidive était plus coupable qu'une première, une troisième plus coupable qu'une seconde et ainsi de suite. Il fallait donc prévoir les récidives successives et,

[1] BONNEVILLE, p. 235.

chaque fois qu'il s'en produisait une nouvelle, aggraver le châtiment. C'était aussi ce qui arrivait. Entre le coupable et la loi, il s'établissait alors une sorte de lutte, l'un redoublant ses crimes, l'autre redoublant ses coups, celui-là persévérant dans le mal, celle-ci dans ses rigueurs, jusqu'à ce qu'enfin, selon l'expression énergique des ordonnances, *force et autorité en demeurât au roi.*

A l'époque où ce système prit naissance, la lutte était habituellement peu longue ; elle finissait bien vite par la mort du coupable. A la tierce ou à la quarte fois au plus, c'est-à-dire à la seconde ou à la troisième récidive, on prononçait la peine de mort. C'était la limite où la progression pénale allait promptement aboutir. Peu à peu, cependant, les mœurs devinrent plus douces. On commença par éloigner le terme fatal ; entre le premier crime et l'échafaud, il y eut des étapes nombreuses. On trouve à cette époque jusqu'à huit et même jusqu'à douze aggravations successives avant d'arriver à la mort. Mais quelquefois c'était encore un résultat profondément injuste. Il y a des crimes, quelque nombreux qu'on les suppose, qui ne peuvent jamais mériter une peine aussi terrible. Il fallait donc fixer une juste limite à ces aggravations progressives. On y arriva plus tard, lentement, sinon dans toutes les hypothèses, au moins dans un grand nombre. Dès ce moment, on restreignit aussi peu à peu le nombre des rechutes prévues pour en revenir enfin, avec les lois révolutionnaires, au système actuel. Mais, et c'est là le point à retenir, cette théorie des récidives successives n'en est pas moins un des faits importants de notre ancien droit criminel.

Dans les peines arbitraires d'abord, il était de principe, sinon légal au moins rationnel, que la peine devait s'élever à chaque récidive : *Gravius multo puniendus est qui ter deliquit quam qui bis*, disaient les docteurs, et les juges agissaient en conséquence. Ainsi, il était à peu près universellement reçu que la peine de mort pouvait être prononcée après le troisième vol : *Potest pro tribus furtis etiam minimis pœna mortis imponi,* dit Farinacius (*quæst.* XXIII). Ce jurisconsulte, l'un des plus modérés, y met seulement cette condition, qu'un usage contraire n'ait pas prévalu dans le pays, et il fait remarquer en outre qu'il y a seulement là un droit, jamais une obligation pour le juge.

Si maintenant je passe aux peines ordinaires, je trouverai dans les textes les récidives successives plus souvent même que les récidives isolées :

« Quiconque fait faux poids et fausses mesures,
« pour la première fois encourt 20 sols tournois;
« pour la seconde, le double ; et pour la tierce
« est privé de son office, et condamné à une
« amende arbitraire. » (Cout. d'Ars, t. VIII, art. 2.)

« Il est enjoint à toute personne voulant faire
« plainte, demande, réponse ou défense en jus-

« lice, de proposer son fait simplement et à la « vérité, sans aucun fond ni déguisement soit de « la partie même, soit son procureur ou con- « seil ; ... sur peine pour la première fois d'être « mis prisonnier en prison fermée, par deux « jours entiers au pain et à l'eau, et d'amende « arbitraire envers la justice ; pour la seconde et « tierce fois, de double et triple prison et « d'amende, et la quatrième, de punition corpo- « relle. » (Cout. de Metz, art. 4[1].)

« Est ordonné que toutes manières de telles « gens oiseux ou joueurs au dez, ou chanteurs « des rues, ou truendant ou mendiant... qui « soient sains de corps et de membres, s'exposent « à faire aucunes besognes ou labeurs en quoi « ils puissent gaigner leur vie, ou vident la ville « de Paris et les autres villes de ladite vicomté « de dans trois jours après ce ouï.

« Et si après lesdits trois jours, ils y sont « trouvés oiseux, etc... ils seront pris et mis en « prison fermée au pain et à l'eau et ainsi tenus « l'espace de quatre jours ; et quand ils auront « été délivrés de ladite prison, s'ils sont trouvés « oiseux,... ils seront mis au pilori ; et la tierce « fois, ils seront signés au front d'un fer chaud, « et bannis desdits lieux. » (Ord. du roi Jean, de janvier 1350.)

Enfin, l'ordonnance de Louis XII sur le blasphème :

[1] Voy. aussi : Cout. de Melun, art. 343 ; — de Nivernais, chap. 1er, art. 8 ; — de Sole, art. 9 ; — de Béarn, art. 14 ; — de Metz, art. 22, art. 2, art. 76.

« Ordonnons que tous ceux et celles, de quel-
« que [illegible] ou condition qu'ils soient, qui ci-après « renieront, maugréeront ou blasphèmeront le « très doux nom de Dieu, notre dit Créateur, « et qui feront autres vilains et détestables ser- « ments contre l'honneur de Diéu et de sa très « sacrée mère, des benoits saints et saintes de « paradis, pour la *première fois*, seront punis en « amende pécuniaire, pour la *seconde, tierce* et *quarte* « *fois*, en amendes pécuniaires qui seront doubles, « triples et quadruples. Et si, par obstination « pernicieuse et invétérée coutume, ils renchéent « ès dits blasphèmes, pour la *cinquième fois* seront « mis au carcan... et si seront mulctés à l'arbi- « trage du juge... et si par malfortune ils retour- « naient la *sixième fois* seront mis au pilori, et là « auront la lèvre de dessus coupée d'un fer « chaud... Et pour la *septième fois* auront la lèvre « de dessous coupée dudit fer chaud... Et s'il « advient (que Dieu ne permette) que par déses- « pérée volonté ils commettent pour la *huitième* « *fois* lesdits très énormes crimes et délits, nous « ordonnons qu'ils aient la langue coupée tout « juste, afin que, de lors en avant, ils ne puissent « dire ni proférer tels maugréements ni renie- « ments de Dieu et de sa glorieuse mère. » (Ord. du 9 mars 1510.)

Je rapproche de cette Ordonnance l'article de la Coutume de Metz qui prévoyait le même crime. La peine est ici adoucie; mais en même temps, comme je l'écrivais tout-à-l'heure, le nombre des récidives prévues s'est encore augmenté.

« Est aussi défendu de jurer et blasphémer le « nom de Dieu sur peine, pour la première fois, « de dix gros d'amende envers justice ; la deu- « xième, de vingt ; la tierce, de trente ; et tou- « jours multipliant jusques à neuf fois ; et pour « la dixième fois sera le délinquant condamné en « dix livres messins d'amende, et dix jours « entiers de prison fermée, au pain et à l'eau ; et « pour la onzième, en quarante livres d'amende ; « en outre sera mis depuis les neuf heures du « matin jusques à une heure après midi sonnée, « au carcan sur la place publique, pour, illec, « être à l'injure et opprobre d'un chacun, et si, « pour toutes ces choses, il ne se corrige et « récidive, il sera fustigé par la ville et banni « d'icelle et du pays Messin, avec défense de s'y « retrouver sur peine de hart[1]. »

Il n'est pas possible de tout citer ; je m'arrête. Disons seulement que cette théorie des récidives successives était admise alors dans presque toute l'Europe. Les art. 161 et 162 de la Caroline le prouvent pour l'Allemagne. Ils s'occupent des peines du vol, et ils ne prononcent la peine de mort que pour la seconde récidive, c'est-à-dire le troisième crime.

De même, pour l'Italie, on peut consulter un ban publié en 1540 par le duc de Florence contre

[1] Voy. aussi : Ordon. de François Ier, de mars 1515 et du 17 octobre 1540 ; -- de Henri II, du 5 janvier 1549, art. 33 : — de Henri III, du 24 mars 1583 ; — de plus, toutes les ordonnances, sur le blasphème et les chasses, citées par M. Bonneville, p. 253, etc., 272 etc.

le blasphème. La peine la plus grave prononcée par cet édit était, comme sous Louis XII, la perte de la langue, et elle était encourue dès la *quarte fois*.

§ 3. — **Des Récidives générales.** — Tous les textes que j'ai cités jusqu'ici s'occupent uniquement des récidives spéciales, c'est-à-dire des rechutes dans le même genre d'infractions. C'est qu'en effet, pendant la plus longue période de notre ancien droit, on n'a jamais procédé autrement. Les récidives générales n'étaient pas prévues. Il y en a deux motifs : l'un, c'est la difficulté de constater les récidives à cette époque ; c'était déjà beaucoup de découvrir les antécédents judiciaires d'un criminel relativement à un seul genre de crime ; il eût été impossible de les avoir complets. L'autre, c'est l'état primitif de la science du droit pendant la même période. J'ai déjà eu occasion de le démontrer, le système qui procède par prévision des récidives générales émane d'idées plus philosophiques que l'autre, et par suite il ne peut se montrer que lorsque le droit est devenu une doctrine.

Aussi, avant d'être punies de peines fixes, les récidives générales ont-elles été prévues par les jurisconsultes comme une cause d'aggravation dans les peines arbitraires.

Damhouder écrivait déjà : *Si reus alia similia perpetrasset mala,* AUT ALIA QUÆVIS, *tunc is puniebatur corporaliter*[1].

[1] *Praxis criminalis*, cap. XII.

De même, Farinacius, sans être aussi affirmatif, considérait, sinon comme une vraie présomption de culpabilité, au moins comme un indice, l'habitude d'infractions autres que celles dont on était accusé[1].

Enfin, j'ai cité tout à l'heure un passage de Muyart de Vouglans qui met positivement la récidive générale au nombre des causes capables d'influer sur les peines arbitraires. Voici, du reste, comment lui-même rappelle ailleurs ce principe : « Pour ce qui concerne la quantité, nous avons vu « qu'elle pouvait servir également à faire augmenter « la rigueur des peines, soit..., soit qu'elle se « mesurât par les récidives où serait tombé le « coupable dans le même genre de crime *ou dans « un genre différent*[2]. » Mais déjà, à cette époque, la même règle avait été introduite en ce qui touche les peines fixes.

Pour elles cependant, ainsi que je l'annonçais, l'amélioration s'était fait attendre plus longtemps. Je n'ai pas trouvé un seul article de coutume qui ait prévu l'hypothèse ; il n'y a pas non plus d'ordonnance avant le règne de Louis XIV.

Le premier document que je rencontre émane de ce prince ; c'est l'art. 12 de l'ordonnance du mois d'août 1670 : « Les prévôts des maréchaux, les « lieutenants criminels de robe courte, les vice-« baillifs et vice-sénéchaux connaîtront, en dernier « ressort, de tous les crimes commis par les

[1] *Quæst.* XXIII, n° 32.

[2] *Lois criminelles*, l. II, t. II, chap. 1, § 1, n° 8.

« vagabonds et gens sans aveu, et par tous ceux
« qui auront été condamnés à peine corporelle,
« bannissement ou amende honorable. »

D'après ce texte, la récidive générale motive, sinon une aggravation de peine, au moins une aggravation de juridiction.

Les art. 5 et 6 de la déclaration du 27 août 1701 font un pas de plus :

« Art. 5. — Ordonnons que les vagabonds soient
« condamnés pour la première fois à être bannis
« du ressort de la prévôté et vicomté de Paris, et
« pour la seconde fois aux galères pour trois ans.

« Art. 6. — Et en cas que lesdits vagabonds aient
« été condamnés pour d'autres crimes, à peine
« corporelle, bannissement ou amende honorable,
« voulons qu'ils soient condamnés même pour la
« première fois aux galères pour trois ans. »

Ce texte marque clairement la transition. Dans son art. 5, il punit une récidive spéciale, et dans l'art. 6 une récidive générale, mais encore pour une hypothèse isolée.

Enfin, la déclaration du 4 mars 1724 organise le système nouveau sur des bases presque aussi larges que celles de notre Code, au moins en ce qui touche les crimes graves :

« Art. 3. — Ceux ou celles qui, n'ayant pas encore
« été repris de justice, se trouveront pour la
« première fois convaincus de vols autres que ceux
« commis dans les églises ou de vols domestiques,
« ne pourront être condamnés à moindre peine que
« celle du fouet et d'être flétris d'une marque en
« forme de lettre V, sans préjudice de plus grande
« peine, s'il y échet, suivant l'exigence des cas.

« Art. 4. — Ceux et celles qui, après avoir été « condamnés pour vol ou flétris de quelque autre « crime que ce soit, seront convaincus de récidive « en crime de vol, ne pourront être condamnés à « moindre peine que, sçavoir : les hommes, aux « galères à temps ou à perpétuité, et les femmes, à « être de nouveau flétries d'un double W, si c'est « pour récidive de vol, ou d'un simple V si la flétris- « sure a été encourue pour autre crime, et enfermées « à temps ou pour leur vie dans les maisons de force, « le tout sans préjudice d'autre peine, s'il y échéoit, « suivant l'exigence des cas.

« Art. 5. — Ceux qui seront condamnés aux « galères à temps ou à perpétuité, pour quelque « crime que ce puisse être, seront flétris, avant « d'y être conduits, des trois lettres G A L, pour, « en cas de récidive en crime qui mérite peine « afflictive, être punis de mort.

« Art. 6. — Seront les deux articles précédents « exécutés, encore que les accusés eussent obtenu « de nous des lettres de rappel de ban, ou de « galères, ou de commutation de peines pour pré- « cédents vols ou crimes. »

§ 4. — **De la Marque.** — Les détails que je réunis sous ce paragraphe peuvent aussi bien se rapporter à l'époque du droit barbare et féodal qu'à celle des coutumes et des ordonnances. La marque, en effet, dans tout l'ancien droit comme en droit romain, a été le seul moyen de constater les récidives.

C'est à ce point de vue qu'elle était surtout

envisagée dans le dernier état du droit, ainsi que nous l'apprend ce passage de Muyart de Vouglans : « De toutes ces lois, dit-il, celle à laquelle nous « devons principalement nous arrêter sur cette « matière, c'est la déclaration de 1724, qui, comme « nous l'avons observé, n'a ajouté à la peine du « fouet qu'elle ordonne pour un premier vol celle « de la flétrissure avec la lettre V, qu'afin qu'au « cas que le voleur vienne à commettre un autre « vol ou quelque autre crime que ce soit, pour « lequel il ait déjà été flétri, la peine puisse être « augmentée et convertie en celle des galères pour « les hommes, et à l'égard des femmes par la « détention en maison de force, après avoir été « marquées de la double lettre W, si c'est pour « récidive de vol, ou d'un simple V, si c'est pour « autre crime[1]. »

C'est aussi uniquement à cause de ce caractère que je m'occupe de la marque dans cette étude. Aussi n'ai-je pas l'intention d'attrister le lecteur par le spectacle de toutes les mutilations atroces usitées au moyen-âge. J'en ai déjà cité des exemples bien assez nombreux. La marque, quand elle se pratiquait ainsi par mutilation, était sans doute un moyen de reconnaître les récidives; mais elle était aussi une cruelle aggravation de peine. Il en fut de même de la marque par empreinte, tant que l'empreinte fut appliquée sur le visage. C'était, de plus, le vrai moyen d'augmenter les crimes. Muyart de Vouglans le dit quelque part : ceux qui étaient ainsi

[1] *Lois criminelles*, l. III, t. VI, chap. II, § 5, art. 2, n° 3.

marqués, ne pouvant plus trouver à servir, étaient contraints de se retirer dans les bois et de se mettre à voler. La religion catholique, qui avait autrefois obtenu de Constantin la suppression de ces marques apparentes, ne pouvait les approuver davantage sous la nouvelle législation. « Les condamnés, dit « Jehan Bouteiller, étaient signés à la joue du seing « de la justice ou du seigneur, combien que le droit « canon défende que nul ne soit signé au visage « qui est à la semblance et image de Nostre « Seigneur Jésus-Christ; mais selon la coustume « local si faict[1]. » L'Église cependant parvint peu à peu à ramener les choses au point où les avait mises la constitution de Constantin.

Le premier monument législatif qui consacre cette réforme est le célèbre édit du pays Messin de 1564 :

« Art. 33. — Si aucune personne ès ville et pays « Messin est appréhendée par justice pour son « forfait, on ne pourra en quelque cas ou crime que « ce soit, lui faire oster, couper ou autrement « *marquer* les deux ou l'une des oreilles; ne pareil- « lement lui faire aucun *caractère* ou *marque* en « quelque partie que ce soit de la face du visage... « Et s'il est trouvé par justice que le criminel se « doive marquer, cela se fera en lieu caché, savoir « est, sur l'une des épaules ou au milieu du dos, « *afin de n'oster à celui qui se voudra corriger et « amender l'espoir et le moyen de ce faire.* »

Dès cette époque, la marque cachée fut seule en

[1] *Somme rurale*, l. II, t. 40, p. 866.

usage et elle resta, par conséquent, un simple moyen de preuve pour les récidives. Du temps où Muyart de Vouglans écrivait, elle se faisait sur l'épaule droite. L'empreinte était soit une fleur de lis, soit la lettre R, soit encore la lettre initiale du crime commis ou de la peine prononcée. La marque subsistera jusqu'à la révolution de 1789. Supprimée par la loi du 26 septembre 1791, elle sera rétablie avec la loi du 23 floréal an x, pour disparaître définitivement sous l'empire de notre Code pénal révisé par la loi de 1832.

CHAPITRE III

DROIT INTERMÉDIAIRE

La Révolution de 1789 avait renversé avec bien d'autres toutes les institutions judiciaires de la France. Elle avait fait à peu près table rase et il s'agissait de reconstruire.

Dès le début, la Constituante promulgue deux lois criminelles fondamentales qui posent le principe de la division des infractions telle qu'elle subsiste encore aujourd'hui : la loi du 22 juillet 1791 sur les délits de police municipale et correctionnelle (contraventions et délits), et le Code pénal du 25 septembre 1791, qui s'occupe plus spécialement des crimes.

Au point de vue de la récidive, ces deux lois se présentent les premières à notre étude parce qu'elles organisent le système qui sera ensuite plus ou moins modifié par les autres actes législatifs de cette période.

Il y a donc, en premier lieu, une grande division à établir entre les crimes d'une part et le reste des infractions de l'autre.

I. — La récidive des crimes est prévue et punie par le Code pénal du 25 septembre 1791, art. 1 et 2 du titre II :

« Art. 1. — Quiconque aura été repris de jus-
« tice pour *crime*, s'il est convaincu d'avoir, « postérieurement à la première condamnation, « commis *un second crime* emportant l'une des « peines des fers, de la réclusion dans une mai- « son de force, de la gêne, de la détention, de la « dégradation civique ou du carcan, sera con- « damné à la peine portée par la loi contre ledit « crime, et après l'avoir subie, il sera transféré, « pour le reste de sa vie, au lieu fixé pour la « déportation des malfaiteurs.

« Art. 2. — Toutefois, si la première condamna- « tion n'a emporté comme peine que celle de la « dégradation civique ou du carcan, et que la « même peine soit prononcée par la loi contre le « second crime dont le condamné s'est trouvé « convaincu, en ce cas, le condamné ne sera pas « déporté ; mais, attendu la récidive, la peine de « la dégradation civique ou du carcan sera con- « vertie en deux années de détention. »

Si je résume ce système, voici les résultats que j'obtiens : punition des récidives générales de crime à crime ; — pénalité fixe pour la récidive quelle qu'elle soit, consistant dans la déportation à subir après la peine du second crime ; — enfin une exception unique qui, pour un cas isolé, remplace la déportation par une détention de deux années.

Ce système était simple, mais il était d'une injustice criante. Heureusement qu'il fut de plus inapplicable. On n'organisa jamais la déportation, et en pratique c'était une détention qui y suppléait.

Malgré ces vices radicaux, ce système fut laissé intact par le Code des délits et des peines de brumaire an IV. Il ne fut modifié que par une loi du 23 floréal an X, dont voici les articles 1 et 7 :

« Art. 1. — Tout individu qui aura été repris « de justice pour crime qualifié par les lois « actuellement existantes, et qui sera convaincu « d'avoir, postérieurement à sa première condam- « nation, commis un second crime emportant « peine afflictive, sera condamné à la peine pro- « noncée par la loi contre ledit crime, et en « outre à être flétri publiquement sur l'épaule de « la lettre R. »

« Art. 7. — La présente loi n'aura d'effet à l'égard « de la flétrissure, au cas de récidive, que « jusqu'à l'époque où la déportation pourra y être « substituée, conformément à ce qui est prescrit « par l'art. 1er, tit. II, de la seconde partie du « Code pénal du 25 septembre 1791. »

La réforme, on le voit, ne valait guère mieux que la loi ancienne. Cependant, il y avait encore un principe juste dans ces diverses dispositions, celui de la généralité ; nous allons le voir entièrement disparaître dans les textes qui s'occupent des récidives de délits.

II. — La première loi sur ce sujet dans l'ordre chronologique est la loi du 22 juillet 1791 sur la police municipale et correctionnelle, nous dirions aujourd'hui sur les contraventions et les délits. Cette loi a un premier caractère remarquable :

c'est que, différent en ceci des lois criminelles de l'époque, elle n'a aucune diposition générale sur les récidives. Elle se contente, au contraire, de punir la rechute dans chaque espèce de délit, et quelquefois au plus dans un délit de même genre. Nous sommes ici en plein régime de spécialité.

L'aggravation pour récidive consiste, la plupart du temps, dans la prononciation d'une peine double de celle du premier délit.

L'art. 27, entre autres, porte : « En récidive, « toutes les amendes sont doublées. »

L'aggravation est cependant quelquefois plus considérable. Ainsi, aux termes de l'art. 28, les vagabonds ou gens sans aveu, surpris dans une rixe ou un attroupement, étaient punis d'un emprisonnement de trois mois au plus; — en récidive, d'une détention d'une année.

Quelquefois même, l'aggravation s'élève jusqu'à tel point qu'elle change la nature de l'infraction et en même temps la compétence du tribunal. Voici un exemple où une double récidive fait passer une infraction de police municipale au rang des crimes. — En cas d'infidélité des poids et mesures dans la vente des denrées et marchandises, la peine est, pour la première fois, une amende de cent livres au moins. En récidive, le délit est déféré à la juridiction correctionnelle et puni d'un emprisonnement d'un an au plus, et d'une amende qui peut s'élever jusqu'à mille francs. Enfin, à la seconde récidive, il y a poursuite criminelle et condamnation aux peines prononcées par le Code pénal.

Je dois mentionner une dernière aggravation qui, celle-ci, est générale : aux termes de l'art. 27, les jugements prononcés contre un récidiviste sont toujours affichés et publiés à ses frais.

Cette loi de 1791 ne brille pas par l'unité ; c'est plutôt, on le voit, un assemblage de dispositions éparses qu'un véritable corps de doctrine. C'est elle cependant qui, à l'égard des récidives de délits et de contraventions, continue à être le droit commun de la période révolutionnaire. Il y eut toutefois quelques modifications de détail apportées par la loi du 29 septembre 1791, le code de l'an IV et la loi du 25 frimaire de l'an VIII.

Je citerai seulement les art. 607 et 608 du code de l'an IV. Ils convertissent en règle, pour les récidives de contraventions, une exception admise dans des cas rares par la loi de 1791, l'élévation de la compétence ; et ils introduisent de plus une condition de temps et une condition de lieu que nous retrouverons plus tard dans l'art. 483 de notre Code pénal.

« Art. 607. — En cas de récidive (de contra« vention), les peines suivront la proportion réglée « par les lois des 22 juillet et 28 septembre 1791, « et ne pourront en conséquence être prononcées « que par le *tribunal correctionnel*. »

« Art. 608. — Pour qu'il y ait lieu à une « augmentation de peine, pour cause de récidive, « il faudra qu'il y ait eu un premier jugement « rendu contre le prévenu pour *pareil délit*, *dans « les douze mois précédents*, et dans le ressort du « *même tribunal de police*. »

J'en ai fini avec la législation de cette époque. J'en ai dit assez pour faire connaître les principes. Il serait inutile de copier ici des textes d'espèces.

CHAPITRE IV

LÉGISLATIONS CONTEMPORAINES

Il nous a été impossible de réunir des documents assez sûrs pour présenter une analyse complète des systèmes admis par les législations contemporaines en matière de récidive. Cette étude, du reste, pour être claire, devrait être fort longue, car elle exige une connaissance approfondie de l'échelle pénale admise par chaque peuple. Disons seulement d'une façon générale qu'il n'y a pas de législation en Europe où la récidive ne soit, d'une manière ou d'une autre, une cause d'aggravation.

« Les législateurs modernes, dit M. Tissot, sans « excepter l'empereur de la Chine, ont suivi les « anciens sur ce point. Mais parfois ils changent la « nature de la peine, parfois ils l'aggravent seule- « ment, soit en la portant à son maximum, ou en la « doublant même, soit en y ajoutant des circon- « stances qui en accroissent la rigueur.

« Le code de Suède, ceux des Pays-Bas, de « l'Autriche[1], de la Prusse, de la Norwége, du « Danemark, de la Hongrie, du Brésil, du canton de

[1] Le code pénal d'Autriche a été modifié en 1862. Je n'ai pu vérifier si la législation sur la récidive avait été changée.

« Vaud, sont pour l'aggravation sans changement « de peine. »

M. Tissot fait deux remarques sur ces législations:

« 1° Les unes, comme celles de France et « d'Autriche, voient un cas de récidive dans les « délits du même genre, quoique les espèces soient « différentes; d'autres, au contraire, ne voient de « récidive qu'autant que les délits sont de même « nature.

« 2° Les uns prévoient le cas où il y aurait « plusieurs récidives, comme le code de la Loui- « siane et celui du canton de Vaud; les autres ne « s'arrêtent qu'à la récidive en général, sans tenir « compte du nombre. »

Enfin, toujours d'après le même écrivain, « les « dispositions les plus remarquables des codes « modernes en matière de récidive sont peut-être « celles du code badois. La peine propre à ce cas « ne doit avoir lieu qu'autant que le nouveau délit « est du même genre ou d'un genre analogue au « premier délit; et cela même, seulement quant à « neuf classes de délits indiqués par la loi, et qui « ont paru au législateur de nature à dégénérer en « habitude[1]. »

Je puis ajouter au nombre des législations qui punissent la récidive le nouveau code pénal portugais[2], ainsi que les lois anglaises et les codes criminels d'Italie, de Bavière et de Belgique. J'ai heureusement quelques développements à fournir sur les derniers.

[1] TISSOT, *Le Droit pénal*, etc., p. 98 et les notes.
[2] *Revue critique*, t. XVII, p. 516.

I. — **Angleterre.** — On sait qu'il n'y a pas, à vrai dire, en Angleterre de code pénal complet; le droit criminel du royaume est formé de plusieurs lois portées en des temps divers. La théorie de la récidive se ressent un peu de cette absence d'unité; elle n'a aucune place distincte dans ce grand assemblage de documents; mais elle apparaît dans beaucoup de dispositions isolées et toujours comme circonstance aggravante. Du reste, les juges anglais ont encore conservé un grand pouvoir d'arbitrage sur les peines, et nous l'avons toujours remarqué, ce pouvoir est un grand obstacle à la formation d'une théorie vraiment philosophique sur le droit criminel. La législation anglaise est de beaucoup celle qui se rapproche le plus de notre ancien droit. Voici, entre autres, quelques exemples curieux qui en sont la preuve évidente :

« En vertu des actes 9 et 10, W. III, c. 32, toute
« personne élevée dans la religion chrétienne et qui
« écrirait, imprimerait, enseignerait ou procla-
« merait la négation de la vérité du dogme chrétien
« ou de la divinité des Saintes-Écritures, sera, pour
« la première fois, privée de la faculté de remplir
« une place ou un emploi quelconque ; pour la
« seconde fois, privée du droit d'ester en justice,
« d'être tuteur, exécuteur, légataire, acquéreur
« d'immeubles, et sera condamnée à un emprison-
« nement de trois ans sans caution. »

« Par l'acte 1, Éliz., c. 2, si un ministre de la
« religion prononce une parole en dérogation du
« livre de prières dit *the Book of Common Prayer*,
« il sera, s'il n'est pas titulaire d'un bénéfice,

« condamné à un an de prison pour la première fois, « et pour la vie en cas de récidive. S'il est titulaire « d'un bénéfice, il sera condamné pour la première « fois à six mois de prison et privé d'une année de « son revenu; en cas de récidive, condamné à un « an de prison et destitué ; en cas d'une troisième « faute, destitué et emprisonné pour la vie. »

« L'ivrognerie est punissable, en vertu de l'acte « 21, Jac. I, c. 7, de 5 shellings d'amende, ou, en « cas de non payement, des ceps pendant six « heures; en cas de récidive, le délinquant peut « être contraint à une reconnaissance de L. 10 avec « deux cautions de bonne conduite. »

« D'après l'acte 54, G. III, c. 1, 69, contrefaire « une déclaration du produit ou prime sur une « police d'assurance, rend passible d'une pénalité « de L. 500 pour la première offense, et en cas de « récidive rend, comme coupable de félonie, « passible de la déportation pour sept ans. »

Je n'irai pas plus loin dans mes citations. Il y a encore des exemples nombreux où la récidive est prévue et punie : les blasphèmes, le vagabondage, le délit de fausses nouvelles, la contrebande, les vols, etc. Je renvoie, du reste, à l'ouvrage de M. Van Hoorebeke sur la récidive, p. 103, et au *Résumé de législation anglaise* par M. Laya, II, p. 205. C'est à eux que j'ai emprunté les citations qui précèdent.

II. — **Italie.** — Le code pénal qui régit actuellement le royaume d'Italie a été promulgué le 20 novembre 1859 pour les États sardes seulement. Il succédait au code pénal du 20 octobre 1839, dont il diffère peu, du reste, au moins quant aux grands principes.

L'art. 118 établit d'abord une règle générale : « Est considéré comme en état de récidive celui « qui ayant été condamné pour crime ou délit, par « jugement devenu irrévocable, aura commis un « autre crime ou délit. »

Quant aux détails, ce code s'attache principalement aux peines prononcées et à prononcer plutôt qu'au genre des infractions. On peut ramener à quatre les hypothèses dont il s'agit :

PREMIÈRE HYPOTHÈSE. — *Récidive après une condamnation aux travaux forcés à vie.*

De deux choses l'une : ou la seconde infraction emporte encore la même peine, ou bien elle ne doit être punie que d'une peine à temps, peine criminelle ou emprisonnement correctionnel, peu importe. Dans la première espèce, le condamné sera puni de la peine du régime rigoureux du bagne pendant vingt ans au plus (art. 119); dans la seconde, il sera aussi frappé de la même peine « pour un laps de « temps qui pourra être le même que celui de la « peine encourue à raison de la nouvelle infraction, « mais qui ne pourra dépasser dix ans, s'il s'agit « d'un crime, et deux ans, s'il s'agit d'un délit. » (Art. 120). La récidive n'entraîne donc jamais la peine de mort.

DEUXIÈME HYPOTHÈSE. — *Récidive après une condamnation à toute autre peine criminelle.*

De deux choses l'une encore : ou la nouvelle infraction est un crime ou elle est un délit. Dans l'un et l'autre cas, le condamné sera puni de la peine méritée par la seconde infraction avec augmentation d'un ou deux degrés ; mais il y a cette différence entre les deux espèces que, dans la seconde, on ne peut pas arriver, au moyen de l'aggravation, à une peine excédant le double de celle établie par la loi. (Art. 122 et 123.)

TROISIÈME HYPOTHÈSE. — *Récidive après une condamnation à une peine correctionnelle.*

Si la seconde infraction est un délit, l'aggravation est la même que dans l'hypothèse précédente. Si elle est un crime, il n'y a pas d'aggravation, sauf dans l'hypothèse suivante.

QUATRIÈME HYPOTHÈSE. — *Récidive après une condamnation à un an au moins d'emprisonnement.*

La peine du *crime* commis après une condamnation de cette nature devra excéder le minimum fixé par la loi.

Le code italien, après ces règles de détails, tranche quelques-unes des controverses qui ont occupé la jurisprudence française :

Aux termes de l'art. 125 : « Les peines portées « contre ceux qui sont en état de récidive seront « prononcées, nonobstant toute prescription qui « aurait pu courir en faveur du condamné. »

D'après l'art. 128, ni les lettres de grâce, ni le

bénéfice des indults (amnistie), n'empêcheront les faits qu'ils auront prévus de servir de base à la récidive.

L'art. 129 dispose : « Celui dont l'acte aurait « ensuite cessé d'être compris dans la classe des « infractions, ainsi que le prévoit le deuxième « alinéa de l'art. 3, s'il vient à commettre une autre « infraction, ne sera considéré ni comme en état « de récidive, ni comme coupable de plusieurs « infractions. »

Enfin, l'art. 146 énonce la règle suivante : « La « récidive dans les crimes interrompt la prescrip- « tion des peines prononcées pour crimes ou pour « délits. La récidive dans les délits interrompt la « prescription des peines prononcées pour délits.

« Il suffira aussi, pour interrompre la prescription « des peines criminelles, d'avoir commis un crime « à l'étranger, pourvu que ce crime soit de nature « à être puni d'après les dispositions du présent « code et que le coupable ait été condamné par un « jugement devenu irrévocable.

« Dans ces différents cas, le temps pour prescrire « ne reprendra son cours qu'à compter du jour où « la prescription du nouveau crime aura commencé « à courir. »

Ces trois dernières dispositions surtout sont intéressantes en ce que les règles qu'elles consacrent sont entièrement opposées à celles du droit français.

III. — **Bavière.** — Le nouveau code pénal bavarois, qui vient de remplacer celui de Feuerstein, date du 1er juillet 1862. Il punit, lui aussi, la récidive; mais il n'a pas, paraît-il, de règle fixe et générale. La raison en est qu'il s'occupe uniquement de récidives spéciales, soit des rechutes dans le genre d'infraction qui a déjà été puni.

Les conditions d'existence légale de la récidive varient alors suivant les infractions. Tantôt une seule condamnation suffit, tantôt il en faut deux ou trois, tantôt enfin on exige que les deux termes de la récidive soient rapprochés dans un certain délai.

De même, la règle d'aggravation n'est pas la même pour toutes les récidives. Souvent l'aggravation consiste dans l'application d'une peine accessoire, la surveillance de la haute police; quelquefois elle entraîne une aggravation dans le châtiment lui-même; d'autres fois même, elle change la nature de l'infraction : d'une contravention fait un délit et d'un délit un crime.

Cette manière de procéder me paraît, en définitive, un peu confuse; mais on ne pourra jamais y échapper tant qu'on ne voudra pas en venir au vrai système scientifique, la prévision des récidives générales[1].

IV. — **Belgique.** — Je termine cette revue par l'examen de la législation la plus moderne qui existe sur le sujet, le code de Belgique, du mois de mai 1867.

Le code de Belgique se rapproche beaucoup de

[1] Voy. *Revue critique*, t. XXII, article de M. Krug-Basse, p. 551.

la législation française; il y a seulement quatre différences capitales à remarquer : 1° la récidive ne peut jamais conduire à la peine de mort; 2° elle ne peut même pas élever le maximum des travaux forcés à temps; 3° l'aggravation qu'elle entraîne est toujours facultative pour le juge; 4° enfin, la récidive de délit à délit ne peut avoir lieu que si la seconde infraction est commise avant le terme de cinq ans depuis l'expiration ou la prescription de la peine.

Quant aux détails, il faut lire les articles du code :

« Art. 54. — Quiconque ayant été condamné à « une peine criminelle aura commis un crime « emportant la réclusion, pourra être condamné « aux travaux forcés de dix à quinze ans. — Si le « crime emporte les travaux forcés de dix à quinze « ans, le coupable pourra être condamné aux tra- « vaux forcés de seize à vingt ans. — Il sera « condamné à dix-huit ans au moins de cette peine, « si le crime emporte les travaux forcés de seize à « vingt ans.

« Art. 55. — Quiconque ayant été condamné à « une peine criminelle aura commis un crime puni « de la détention de cinq à dix ans, pourra être « condamné à la détention de onze à quinze ans. « — Si le crime est puni de la détention de onze « ans à quinze ans, le coupable pourra être con- « damné à la détention extraordinaire. — Il sera « condamné à dix-huit ans au moins de détention, « si le crime emporte la détention extraordinaire.

« Art. 56. — Quiconque, après une condamnation « à une peine criminelle, aura commis un délit, « pourra être condamné à une peine double du

« maximum porté par la loi contre le délit. — La « même peine pourra être prononcée, en cas de « condamnation antérieure, à un emprisonnement « d'un an au moins, si le condamné a commis le « nouveau délit avant l'expiration de cinq ans « depuis qu'il a subi ou prescrit sa peine[1]. »

[1] *Revue critique*, t. XXXI, p. 310, article de M. Thézard.

TROISIÈME PARTIE

DE LA RÉCIDIVE AU POINT DE VUE PRATIQUE

Le Code pénal français s'occupe de la récidive dans plusieurs articles différents. Il établit une distinction profonde entre les récidives de crimes ou de délits d'une part et les récidives de contraventions de l'autre. Les premières sont traitées aux articles 56, 57 et 58 ; les secondes, aux articles 474, 478, 482 et 483. De plus, les règles établies aux articles 56, 57 et 58 ne sont pas absolues. Elles forment sans doute la règle générale pour les récidives de crimes ou de délits, mais elles souffrent aussi un certain nombre d'exceptions remarquables. Ces trois ordres d'idées seront l'objet de trois chapitres différents. Je les ferai précéder de l'examen de principes généraux communs à toutes les espèces de récidives. Ils seront suivis d'une étude rapide sur l'organisation des casiers judiciaires. Cette troisième partie est donc divisée en cinq chapitres : — Principes généraux sur les récidives. — Règles de droit commun pour les récidives de crimes ou de délits. — Règles exceptionnelles pour certaines récidives de crimes ou de délits. — Règles spéciales pour les récidives de contraventions. — Procédure et organisation administrative.

CHAPITRE PREMIER

PRINCIPES GÉNÉRAUX SUR LES RÉCIDIVES

Les règles à formuler, dans ce premier chapitre, se déduisent tout aussi bien de l'idée fondamentale de la récidive, combinée avec les autres principes généraux du droit, que des textes précis et formels de notre Code pénal.

La récidive, c'est la définition que j'ai donnée à la première page de cette étude, c'est l'état d'un homme déjà condamné pour une infraction précédente, qui en commet une seconde.

Le développement pratique de cette idée mère est l'objet de ce chapitre. La récidive exige deux termes : il faut une première condamnation, il faut une seconde faute. La première condition manque-t-elle, on pourra tôt ou tard se rencontrer en face d'un cumul de délits, mais jamais d'une récidive. — La seconde fait-elle défaut, évidemment en l'état la récidive est devenue possible ; mais un fait nouveau est nécessaire pour la réaliser.

CHAPITRE PREMIER

PRINCIPES GÉNÉRAUX SUR LES RÉCIDIVES

Les règles à formuler, dans ce premier chapitre, se déduisent tout aussi bien de l'idée fondamentale de la récidive, combinée avec les autres principes généraux du droit, que des textes précis et formels de notre Code pénal.

La récidive, c'est la définition que j'ai donnée à la première page de cette étude, c'est l'état d'un homme déjà condamné pour une infraction précédente, qui en commet une seconde.

Le développement pratique de cette idée mère est l'objet de ce chapitre. La récidive exige deux termes : il faut une première condamnation, il faut une seconde faute. La première condition manque-t-elle, on pourra tôt ou tard se rencontrer en face d'un cumul de délits, mais jamais d'une récidive. — La seconde fait-elle défaut, évidemment en l'état la récidive est devenue possible ; mais un fait nouveau est nécessaire pour la réaliser.

SECTION Ire

DU PREMIER TERME DE LA RÉCIDIVE

Le premier terme de la récidive est une condamnation antérieure. Je ne recherche pas en ce moment s'il faut une condamnation pour contravention, pour délit ou pour crime ; je pose seulement le principe d'une façon générale : il faut une condamnation antérieure. Sans doute et dans certains cas que j'aurai à examiner, une condamnation pour un motif quelconque ne sera pas un premier terme qui suffise à motiver la récidive ; mais, et c'est la seule chose à établir en ce moment, quand il n'y aura pas eu de condamnation antérieure, il n'y aura jamais de récidive.

Il faut une condamnation ; une infraction ne suffirait pas. En effet, la base rationnelle des peines de la récidive, c'est l'insuffisance de la première répression, c'est le mépris de la première peine par le condamné. Or, ces motifs peuvent-ils se rencontrer s'il n'y a eu ni première répression ni première peine ? Quand un coupable parait devant la justice sous l'inculpation de crimes nombreux dont aucun n'a encore été poursuivi, la présomption n'est-elle pas, ne doit-elle pas être au moins que l'impunité seule du premier l'a encouragé au second, que l'impunité seule du second l'a poussé au troisième ? N'est-il pas humain de penser que l'application des peines de droit à ce criminel aurait suffi à le corriger ? La loi pourrait-elle même admettre une présomption contraire sans accuser ses propres règles d'impuissance et d'injustice ? Pour la récidive, un premier crime est donc insuffisant. Il faut chez le coupable le mépris des avertissements sociaux ; il faut donc qu'il les ait reçus, et une condamnation seule peut les lui avoir donnés. Ces principes rationnels sont confirmés d'ailleurs par les articles 56, 57 et 58, où le premier terme de la récidive est toujours une condamnation telle quelle.

Je recherche maintenant quels caractères généraux cette condamnation doit avoir.

Première Règle. — *La condamnation doit être antérieure au fait auquel il s'agit d'appliquer les peines de la récidive.*

Cette règle ne diffère pas du principe que je viens d'exposer ; elle en est la formule exacte et rigoureuse, et si je l'ai énoncée de nouveau, c'est pour en tirer de suite un corollaire important.

La condamnation doit être définitive avant la perpétration du second fait. Une condamnation qui n'est pas définitive peut disparaître, et les récidives basées sur elle se trouveraient alors prononcées sans condamnation antérieure. Les tribunaux ne peuvent donc pas admettre de condamnation semblable comme premier terme d'une récidive.

Il faut dire maintenant quelles seront les condamnations définitives.

Une condamnation portée par un jugement susceptible d'appel ne remplit évidemment pas la condition.

Il en est de même d'une condamnation par défaut, tant que la voie de l'opposition est ouverte.

De même encore d'une condamnation par contumace, tant que la peine n'est pas prescrite.

De même enfin d'une condamnation contre laquelle le pourvoi en cassation est encore admissible.

La Cour suprême a statué sur ces différentes hypothèses et elle leur a toujours appliqué les principes que je viens d'exposer.

Aucune autre condition n'est exigée relativement à l'époque à laquelle a dû intervenir la condamnation.

Quelque ancienne qu'elle soit, elle peut être le premier terme de la récidive. Il y a à ce principe une exception unique en matière de récidive de contravention. Mais on peut dire d'une façon générale que le système philosophique qui donne au temps la vertu d'effacer les conséquences d'une première condamnation pénale, a été écarté par la loi française.

La condamnation peut même être intervenue à une époque antérieure à la promulgation du

Code pénal. Les articles 56 et suivants sont, en effet, aussi absolus qu'il est possible de l'être. Cette question n'est plus guère de nature à se présenter aujourd'hui, mais elle s'est produite autrefois et l'opinion adoptée par la Cour de cassation est celle que j'ai émise.

Deuxième Règle. — *C'est à la condamnation telle qu'elle a été prononcée qu'il faut s'attacher pour déterminer le second terme de la récidive, et non pas aux faits sur lesquels elle a statué.*

L'application de cette deuxième règle est beaucoup plus délicate que celle de la première. Elle résout, à mon sens, trois hypothèses différentes, qui toutes trois ont soulevé des controverses et, je le dis immédiatement, sur lesquelles je n'adopterai pas toujours les solutions de la jurisprudence. Je serai guidé dans ces questions par un seul principe, l'autorité irréfragable de la chose jugée, définitivement acquise à la première condamnation.

Première Hypothèse. — *Le fait contre lequel la première condamnation a été portée n'est plus atteint par la loi pénale en vigueur au moment du second fait.*

Si je veux appliquer la règle que j'ai formulée, je dois décider que, même dans cette hypothèse, la première condamnation est un premier terme suffisant pour la récidive. Cette solution est conforme aux termes de l'art. 56 : *Quiconque ayant été condamné à une peine afflictive ou infa-*

mante, etc... Le texte requiert une seule chose, le fait matériel de la condamnation. C'est aussi en ce sens que la Cour de cassation s'est décidée[1], et avec raison, selon moi. Le motif de texte est trop formel.

Cependant, cette décision n'est pas admise par tout le monde. — « Supposons, dit M. Carnot, « qu'un individu ait été condamné à la réclusion « pour avoir proféré le cri de *Vive le roi* sous la « République, et que, depuis la Restauration, il « se fût rendu coupable de crime, aurait-on osé « lui appliquer la peine de la récidive portée par « l'art. 56? Les lois doivent être appliquées dans « un sens raisonnable ; on ne doit pas leur « supposer d'avoir voulu proclamer des absur- « dités[2]. »

En théorie, j'en conviens, le système de Carnot devrait l'emporter. Une loi ne devrait pas voir une cause d'aggravation dans un fait qu'elle déclare innocent. Cette idée avait prévalu dans la loi du 23 floréal an x, et elle mériterait de prévaloir encore. En l'état seulement, je la crois en dehors du système de la loi, et je ne vois d'autre remède à la gravité de la situation qu'un recours à la grâce du souverain.

DEUXIÈME HYPOTHÈSE. — *Le fait contre lequel la première condamnation a été portée n'est plus*

[1] Cass., 4 juillet 1828. — Voy. aussi BONNEVILLE, p. 410; — BLANCHE, I, n° 483.

[2] CARNOT, p. 199; — LEGRAVEREND, II, p. 613, — FAVARD DE LANGLADE, *Récidive*, n° 10.

atteint, lors du deuxième fait, des peines qui le frappaient quand il a été puni.

Cette hypothèse n'est qu'une modification de la précédente. Elle devra donc être traitée de la même manière. Les juges considéreront uniquement les peines prononcées par la condamnation et non pas celles que le fait constaté devrait encourir d'après la loi nouvelle. Ainsi, s'il y a eu condamnation à une peine afflictive et infamante, et que la peine nouvelle ne soit plus qu'une peine correctionnelle, ils appliqueront néanmoins non pas la récidive de l'art. 57, mais celle de l'art. 56. C'est même dans une espèce de cette nature que la Cour de cassation a rendu l'arrêt cité à la page précédente.

TROISIÈME HYPOTHÈSE. — *Le fait prévu par la première condamnation était puni par la loi de peines autres que les peines prononcées, ou même il n'était pas puni du tout. En un mot, la première condamnation est due à une erreur.*

La Cour de cassation, par deux arrêts du 30 décembre 1825 et 10 septembre 1830, a décidé que des condamnations de cette nature ne devaient pas servir de base à la récidive. D'après la Cour suprême, il faut s'attacher, non pas à la condamnation qui est intervenue, mais à celle qui aurait dû intervenir.

Il m'est impossible d'admettre cette doctrine, malgré ses apparences d'équité. Je suis entièrement, sur ce point, de l'avis de M. Blanche [1].

[1] BLANCHE, I, n° 481.

La Cour de cassation donne aux magistrats, saisis du second fait, un droit de révision sur la première sentence qui est complètement arbitraire. La première condamnation est passée en jugé; c'est un point dont j'ai démontré déjà la nécessité absolue. Une fois revêtue de ce caractère, je dirai sacré, il n'appartient plus à personne de l'examiner à nouveau pour l'accuser d'erreur. C'est encore ici une de ces hypothèses où le droit de grâce seul pourra remédier aux conséquences trop rigoureuses des principes légaux.

TROISIÈME RÈGLE. — *Il ne faut pas que la première condamnation ait été annihilée par un événement postérieur.*

Je le dis immédiatement, deux faits seuls sont de nature à produire le résultat que vise cette troisième règle : une amnistie accordée aux faits prévus par la condamnation et le succès d'une demande en révision.

L'amnistie a des effets radicaux : elle supprime complètement la criminalité des faits auxquels elle s'applique, et en même temps elle efface les condamnations qui ont pu les frapper. La difficulté s'est présentée dans la pratique et elle a été résolue en ce sens [1].

En ce qui touche la révision, je ne connais pas d'arrêt qui ait eu à statuer. La question est donc avant tout théorique; j'en dirai cependant quelques mots.

[1] Cass., 25 novembre 1853.

Il faut supposer qu'un homme, condamné par une première décision judiciaire, s'est pourvu en révision et a obtenu gain de cause. S'il vient ensuite à comparaître une seconde fois devant les tribunaux, il est certain qu'il ne pourra pas être condamné aux peines de la récidive ; la première condamnation a disparu ; il n'y a plus de premier terme.

La révision est un recours complètement en dehors des prévisions du droit. La possibilité d'une révision n'empêche pas, par suite, une condamnation de passer en jugé, et, en cas d'infraction nouvelle, de servir ainsi de base à la récidive. De là naît la question suivante : Si, après les peines de la récidive prononcées, l'on vient à réviser la première condamnation, quel moyen a-t-on de faire réduire la seconde à ses justes limites. Si elle est, elle aussi, passée en jugé, je n'en connais aucun de légal. Cependant, la première condamnation ayant disparu, l'aggravation qu'elle a motivée doit nécessairement disparaître. Ce sera, je pense, au pouvoir souverain qu'il faudra recourir. Il prononcera une commutation de peine, et ce ne sera pas une grâce qu'il accordera; ce sera simplement un acte de justice.

L'amnistie et la révision, ai-je dit, sont les seuls faits qui puissent empêcher une condamnation passée en jugé de devenir le premier terme d'une récidive.

Je justifie maintenant cette assertion par l'examen des autres hypothèses qui peuvent se présenter.

La grâce accordée au condamné n'efface pas la condamnation; elle le soustrait seulement à l'application de la peine, et s'il retombe, il sera passible des peines de la récidive comme s'il n'avait pas été gracié.

Il en est de même de la prescription de la peine : la prescription, loin d'effacer la condamnation, la suppose. Il y a de plus ici une puissante raison morale : on ne doit pas traiter avec faveur ceux qui ont refusé d'exécuter les ordres de la justice; leur désobéissance n'est pas une cause de nature à les faire échapper aux rigueurs méritées par les récidivistes.

Enfin, il en sera de même aussi de la réhabilitation. Dans ma première partie, j'ai traité cette question, et au point de vue rationnel j'ai demandé une solution contraire à celle que je présente maintenant. Mais, en pratique, le doute n'est pas permis. D'après l'art. 634, la réhabilitation a un seul effet : elle fait cesser pour l'avenir, dans la personne du condamné, les incapacités qui résultaient de la condamnation; rien de plus. La condamnation subsiste donc, et ainsi elle continue à être le premier terme des récidives qui se produiront. L'ancien art. 634 du Code d'instruction criminelle était un argument décisif en ce sens. Il portait : « Le condamné par récidive ne sera jamais admis « à la réhabilitation. » Donc, le crime commis après la réhabilitation est commis en récidive. Autrement, il faudrait dire que l'homme qui a été réhabilité une première fois et qui est retombé, peut encore être réhabilité une seconde, puisque le récidif seul ne le peut pas. La fausseté de ce résultat était admise de tout le monde. Il fallait donc admettre la fausseté de son principe.

QUATRIÈME RÈGLE. — *Il faut et il suffit que la condamnation ait été prononcée par un tribunal français.*

Je commence par la seconde partie de la démonstration. Il suffit que la condamnation émane d'un tribunal français; c'est-à-dire, peu importe qu'elle émane d'une juridiction ordinaire ou d'une juridiction exceptionnelle. Les articles 56 et suivants ne font, en effet, aucune distinction, et les commentateurs ne doivent pas en faire davantage.

Le principe a été souvent appliqué par la Cour suprême : elle a décidé notamment qu'une condamnation prononcée par la Chambre des députés, conformément à la loi du 25 mars 1822, pourrait servir de premier terme à la récidive.

Elle avait donné aussi la même solution pour les condamnations émanées d'un tribunal militaire, quelle que fût la nature du fait réprimé. Mais sa jurisprudence sur ce point n'a pas été constante. Un arrêt, toutes Chambres réunies, du 9 novembre 1829, pensa que si la première condamnation avait eu lieu pour délit militaire, il n'était pas le cas de prononcer ensuite les peines de la récidive. Cette jurisprudence n'était sans doute pas légale, mais elle était très raisonnable. Aussi a-t-elle été sanctionnée par la loi réformatrice de 1832.

On a ajouté alors à l'art. 56 un dernier paragraphe ainsi conçu : « Toutefois, l'individu condamné par

« un tribunal militaire ou maritime ne sera, en cas « de crime ou délit postérieur, passible des peines « de la récidive qu'autant que la première condam- « nation aurait été prononcée pour crimes ou délits « punissables d'après les lois pénales ordinaires. » Ce paragraphe exige deux conditions pour que la sentence du conseil de guerre devienne le premier terme de la récidive : il faut d'abord que le fait prévu par la condamnation soit puni par la loi ordinaire; il faut de plus que la peine prononcée par celle-ci ne soit pas inférieure à la peine du Code militaire. Si cette hypothèse se présentait, on réglerait la récidive en substituant dans la condamnation le châtiment de droit commun à la peine spéciale.

J'ai parlé ici de cette disposition de l'art. 56, parce que c'est aussi une règle générale de la récidive.

J'aborde maintenant la première partie de ma règle : *Il faut que la condamnation émane d'un tribunal français.*

Les condamnations prononcées par un tribunal étranger ne sont jamais le premier terme de la récidive. Cette règle est acceptée presque sans discussion par les auteurs et la jurisprudence. Elle est cependant fort délicate et touche aux principes les plus graves du droit international.

Je mets d'abord de côté la question de pratique. Sur ce point, j'accepte entièrement l'opinion commune. Seulement, je repousse les raisons sur lesquelles on a l'habitude de l'établir, pour lui donner uniquement sa base dans les art. 56, 57 et 58. Ce sont eux qui fixent les caractères du premier terme de la récidive, aussi bien que du second. Or, s'ils exigent une condamnation à une peine afflictive ou infamante, une condamnation pour crime, une condamnation correctionnelle, il me paraît évident qu'ils entendent une condamnation française. Nos Codes s'occupent rarement des décisions de la magistrature étrangère; quand ils le font, c'est dans des dispositions exceptionnelles, et ils ont soin de s'en expliquer. Une de nos lois, qui parle de jugement ou de condamnation sans autre, ne parle pas d'une condamnation ou d'un jugement rendu n'importe où, mais uniquement d'une condamnation ou d'un jugement français. Une opinion contraire me paraît plus qu'inadmissible. Un Code français s'occupe de la France, et quand il s'occupe de l'étranger, il le dit. Pour admettre les condamnations étrangères comme premier terme de la récidive, il faudrait donc un texte qui l'ordonnât formellement, et tant que ce texte n'existera pas, la jurisprudence actuelle de la Cour de cassation devra subsister.

Mais est-ce à dire qu'en législation cette doctrine soit inattaquable? J'ai beaucoup de peine à le croire. Les auteurs, en effet, donnent seulement deux motifs à l'appui de leur opinion, qui me paraissent tous deux faciles à réfuter : l'un, c'est qu'en admettant la récidive après une condamnation étrangère, on donnerait exécution en France à un acte du pouvoir étranger; l'autre, c'est que le motif d'aggravation n'existe pas encore à l'égard de la loi française qui n'a pas été essayée, ni, par suite, convaincue d'insuffisance. Le deuxième motif me paraîtrait assez bon si les lois des divers peuples devaient rester, les unes à l'égard des autres, dans un état de perpétuel antagonisme et de mutuelle défiance. Mais, aujourd'hui, il accuserait un orgueil national vraiment excessif chez les législateurs qui oseraient encore l'invoquer. Un criminel a été puni chez un peuple voisin et le châtiment ne l'a pas corrigé; pense-t-on qu'une peine française eût été plus efficace? Il me paraîtrait téméraire de le soutenir, et cependant voilà le fond de l'argument que je repousse. La question doit être prise de plus haut. Les législations voisines, au lieu de se disputer une efficacité que ni les unes ni les autres ne peuvent malheureusement atteindre, devraient s'aider mutuellement à maintenir l'ordre chez elles et partout. Les criminels ne connaissent ni étrangers ni compatriotes; pourquoi les faire profiter de distinctions qu'ils oublient les premiers?

L'autre motif n'est pas meilleur. Il est même plus radicalement faux. On n'exécute pas une condamnation étrangère quand, au vu de cette condamnation, on punit un crime commis en France avec une sévérité particulière. La première condamnation n'intervient ici qu'à titre de renseignement : elle prouve les antécédents du coupable, rien de plus; et de même qu'il serait injuste de ne pas tenir compte à un accusé de la vie honorable qu'il a pu avoir à l'étranger, de même il serait absurde de ne pas se mettre en garde contre un scélérat, sous prétexte qu'il n'a pas encore fait ses preuves en France. Notre législation actuelle est, en réalité, une législation dangereuse. On le sait, la récidive est partout punie en Europe, et le métier de criminel est, en définitive, un métier périlleux. Mais il perd quelque peu de ses inconvénients pour ceux qui ont soin de l'exercer à la ronde chez tous les peuples. Si les principes du droit français sont admis partout, ces criminels cosmopolites sont sûrs au moins d'en être toujours à leur premier crime. Si, par hasard, ils n'étaient reçus qu'en France, la situation serait encore plus grave pour nous, puisque nous offririons le meilleur asile aux malfaiteurs de tous pays. Ce danger a été déjà signalé plus d'une fois : un membre du ministère public, M. Paringault, a même essayé de soutenir, en partant de cette base, que notre législation actuelle était mal interprétée et qu'on pourrait punir les récidives après une condamnation étrangère[1]. Il m'a été impossible d'admettre la conclusion dans l'état actuel de nos Codes; mais je serais heureux de la voir consacrer par une loi; c'est une réforme qui me paraît très utile, et d'ailleurs elle est le complément naturel de la loi de 1866 sur les crimes et délits commis à l'étranger[2].

L'application du principe que je viens de démontrer a fait naître quelques difficultés assez délicates à propos du passage d'une législation à l'autre à

[1] *Revue critique*, t. XIII, p. 469.

[2] Voy. CHAUVEAU et HÉLIE, I, p. 430; — ORTOLAN, n° 1200; — BERTAULD, p. 401. — *Contra* : NICOLINI, p. 66 à 101 de la traduction.

Nice et en Savoie. J'ai cru intéressant de les examiner ici.

Les hypothèses qui peuvent se présenter sont fort nombreuses :

D'abord, un annexé, condamné avant 1860 par un tribunal situé dans les provinces annexées, et qui commet aujourd'hui une nouvelle infraction, doit-il être passible des peines de la récidive ?

En sera-t-il de même si la condamnation portée contre lui émanait d'un tribunal resté italien ?

Quid, s'il s'agit d'un sujet sarde resté Italien, condamné autrefois en Savoie et qui se rend coupable d'un nouveau crime en France ?

Enfin, faut-il changer la solution si, à la place du Sarde, vous supposez un autre étranger ou même un Français ?

Il m'a été impossible de découvrir si la pratique avait eu déjà à s'occuper d'une de ces questions. Je ne crois pas qu'elles aient été soulevées devant les Cours d'assises; quant à la jurisprudence des tribunaux correctionnels, je n'ai pu la vérifier. C'est donc avec la plus grande réserve que j'oserai proposer une opinion. La difficulté me paraît vraiment délicate, et je serais heureux si j'avais pu seulement appeler sur elle l'attention des hommes à qui leur expérience donne le droit de la résoudre.

Si l'espèce se présentait devant une Cour d'assises, peut-être le défenseur essayerait-il de soutenir d'une manière absolue que, dans aucune de nos hypothèses, la récidive n'est possible. Ce système radical aurait même pour appui un argument spécieux. Les condamnations étrangères ne sont-elles pas incapables d'être le premier terme d'une récidive, et, dans tous les cas prévus, n'est-ce pas toujours l'autorité sarde qui a puni la première infraction?

Cette théorie cependant me paraît inadmissible : elle aurait le tort immense de ne tenir aucun compte du changement de souveraineté produit par l'annexion à la France du territoire étranger. La souveraineté sarde et la souveraineté française ne sont pas, en l'espèce, deux souverainetés coexistantes, mais bien successives, et il y a là une différence capitale dont il faut tenir nécessairement compte. Mais dans quelle mesure et de quelle manière? Là est la difficulté.

On pourrait dire, en premier lieu, qu'en s'annexant une certaine classe de citoyens, la France se les est annexés tels qu'ils étaient, avec leurs qualités bonnes ou mauvaises, avec les titres honorables qu'ils avaient pu acquérir et l'obligation de ne pas les oublier, mais aussi avec leurs antécédents judiciaires et le droit d'en tenir compte. Avec ce système, toute condamnation rendue contre un annexé, même en Piémont, serait la base d'une récidive s'il commettait maintenant en France un nouveau crime. Ce système reposerait en entier sur un principe contraire aux règles de notre Code pénal, sur la personnalité de la loi criminelle. Aussi me garderai-je de l'admettre. Malgré l'annexion, les jugements rendus à Turin et ailleurs en Italie, même contre des annexés, ont toujours été, vis-à-vis des tribunaux français, des jugements étrangers, et de plus ils sont restés étrangers, ce qui n'existe pas pour les jugements de la Savoie et de Nice.

Aussi une troisième opinion, qui aurait de plus que les autres un argument de texte en sa faveur, pourrait-elle se formuler en ces termes : Toutes les condamnations émanées d'un tribunal dont le siége a été annexé à la France, ont été acceptées, annexées en quelque sorte par la loi française, et pourront ainsi servir de premier terme à la récidive. J'ai dit que ce système pouvait s'étayer sur un texte : c'est l'article 3 du décret du 11 juin 1860 qui dispense les décisions judiciaires rendues dans le nouveau territoire des formalités de l'exequatur exigées pour les jugements étrangers et les assimile, quant à leur exécution, aux jugements français.

Pour ma part, c'est en définitive à ce système que je donne la préférence, mais cependant en lui faisant subir une restriction importante. Je n'admettrai pour premier terme de la récidive qu'une condamnation émanée d'un tribunal annexé, et je n'admettrai parmi elles, c'est ici ma restriction, que les condamnations portées contre un annexé.

Je crois cette théorie conforme aux principes du droit public qui, en définitive, est le vrai intéressé dans la question. Quand un territoire passe d'une souveraineté à une autre, n'est-il pas naturel que le cessionnaire accepte tous les actes du cédant et les considère à l'égal des siens propres? Voilà le principe; voilà aussi pourquoi les jugements sardes doivent être considérés en Savoie comme les prédécesseurs et les égaux des jugements français. Mais le principe serait souverainement injuste si on l'appliquait aux actes qui sont restés étrangers à l'objet même de la transmission. Qu'est-ce que la

France s'est annexé en définitive? Un territoire et une certaine classe d'habitants. Elle a donc pu accepter les actes de l'autorité sarde qui avaient eu lieu sur ce territoire et relativement à ces habitants; mais pourquoi tiendrait-elle compte de faits personnels à des hommes qui sont restés complètement étrangers au changement de domination? L'annexion ne peut avoir d'influence que sur les choses et les personnes annexées. Voilà le motif de ma restriction. Si la condamnation émanée d'un tribunal annexé a été portée contre un Italien, contre un autre étranger ou même contre un Français, comme ni l'un ni l'autre de ces hommes n'a été partie intéressée au changement de souveraineté, on ne peut pas dire, quant à eux, que l'annexion a eu pour effet de faire considérer les jugements en question comme des jugements français. Ils resteront ce qu'ils étaient, des jugements étrangers, et il n'y aura pas lieu, en cas de nouveau crime, à prononcer les peines de la récidive.

J'ai admis comme principe de solution que si les jugements des tribunaux de Nice ou de Savoie pouvaient servir de premier terme à la récidive, c'était en qualité de jugements adoptés par la France, de vrais jugements français en un mot. Je les admets donc tels quels et je n'accorderai pas aux tribunaux actuels le droit de réviser les condamnations que portent ces jugements. Il faudra appliquer les art. 56 et suivants en prenant pour base unique la peine prononcée par le premier jugement; peu importe qu'elle soit différente de celle du Code français pour le crime prévu. Cette seconde question me paraît peu difficile; sa solution est une conséquence nécessaire des principes que j'ai exposés. Mais, je le répète, quant à la sûreté de ces principes, je suis loin d'avoir la même confiance et je me réserve, dès que je serai mieux éclairé, d'adopter, si elle me paraît meilleure, une opinion différente.

CINQUIÈME RÈGLE. — *Il faut enfin que la condamnation qui doit être le premier terme de la récidive soit légalement constatée.*

Cette preuve en renferme deux : il faut établir le fait d'une condamnation; il faut établir aussi sa relation réelle à l'individu qu'il s'agit de condamner pour ce motif aux peines de la récidive.

La seconde preuve, celle de l'identité, se ferait sans doute d'une manière plus sûre si elle était confiée aux magistrats qui ont porté la première condamnation. Mais ce système, adopté par la loi dans d'autres hypothèses [1], n'a pas triomphé ici. Dans un but de rapidité, les deux preuves sont réunies et se font toutes deux devant le Tribunal saisi du fait qui va devenir le second terme de la récidive [2]. Si ce Tribunal est une Cour d'assises, c'est la Cour et non le Jury qui statuera sur la question. Un arrêt du 18 floréal an VII avait admis le système contraire. Ce n'a été qu'une erreur passagère, et par son arrêt du 11 juin

[1] Voy. Loi du 30 mai, 1er juin 1854, art. 9; *De l'exécution de la peine des travaux forcés.*

[2] Voy. Cass., 23 juin 1853.

1812, la Cour suprême est revenue aux vrais principes. La récidive n'est pas en effet, à vrai dire, une des circonstances du fait qui seules doivent être soumises au Jury. (Art. 344 J. C.) C'est un élément complètement accessoire dont l'influence s'exerce uniquement sur l'application de la peine et qui est ainsi tout entier du ressort de la Cour.

La preuve légale de la récidive, c'est l'extrait en forme de première condamnation. L'aveu seul de l'accusé ne serait pas une preuve suffisante. (Cass., 18 août 1853.) L'extrait du casier judiciaire seul ne suffirait pas non plus. Mais ces deux éléments réunis formeraient une preuve complète. (Cass., 1er avril 1853; — 4 février 1860.) Les tribunaux pourraient recourir, du reste, à d'autres bases d'appréciation; ce n'est pas cependant une pure question de fait, la Cour de cassation conserve le droit « d'apprécier jusqu'à « quel point, eu égard aux circonstances parti- « culières de la cause, l'élément légal de la « récidive a été juridiquement établi. » (Cass., 9 août 1855.)

SECTION IIe

DU SECOND TERME DE LA RÉCIDIVE

Il faut, on se le rappelle, deux termes à la récidive. La condamnation dont j'ai parlé jusqu'à présent est le premier terme de la récidive, celui qui la rend possible ; le second, celui qui la réalise, c'est toute infraction ultérieure à la loi pénale.

PREMIÈRE RÈGLE. — *Une infraction quelconque peut, en général, servir de second terme à la récidive.*

Cette règle ne veut pas dire que la nature de la seconde infraction sera sans influence sur les peines de la récidive ; elle ne signifie même pas qu'une seconde infraction entraînera toujours une aggravation quelconque ; entendue de cette façon, elle serait une erreur. Elle a une signification unique. Elle veut dire qu'en principe au moins, il n'y a pas une seule infraction, infraction exceptionnelle ou de droit commun, infraction prévue par le Code ou par des lois postérieures, qui de sa nature ne soit susceptible d'être commise en récidive.

Je cite immédiatement un exemple ; il m'est fourni par un arrêt de la Cour de cassation du 29 novembre 1828. Une Cour d'assises avait soutenu que les crimes prévus par la loi du 20 juin 1825 sur le sacrilége ne pouvaient être considérés comme le second terme d'une récidive de crime à crime. La Cour suprême, sur les conclusions de M. le procureur général Mourre, cassa l'arrêt, et je me demande en droit comment elle aurait pu s'y refuser. L'art. 56 et les principes généraux étaient en effet trop formels.

Les anciennes lois réglant les juridictions militaires étaient muettes sur les récidives. On en concluait qu'une infraction jugée par un tribunal militaire ne pouvait jamais être le second terme d'une récidive. Il y avait une exception relative aux désertions, mais le principe précédent était la règle. De là résultait une conséquence inique : l'individu qui se rendait successivement coupable de deux délits de droit commun était considéré comme récidiviste si le premier avait été jugé par un conseil de guerre et le second par un tribunal ordinaire. Il n'encourait, au contraire, aucune aggravation si l'ordre des juridictions était renversé.

Ceci a été corrigé par le Code de justice militaire du 4 août 1857. La récidive continue à ne pas être applicable aux délits militaires, mais s'il s'agit de délits de droit commun, auxquels les lois ordinaires sont applicables, les conseils de guerre doivent se référer aux articles 56, 57 et 58. Cette solution a été formellement donnée par le rapporteur de la loi, M. Rigaud, et elle est adoptée de tout point par un commentaire que l'on peut appeler officiel, celui de M. Victor Foucher.

DEUXIÈME RÈGLE. — *Il faut que la décision judiciaire qui statue sur l'infraction, second terme de la récidive, statue aussi sur la récidive.*

Les peines de la récidive ne sont pas encourues de plein droit par le fait seul d'une seconde condamnation ; elle doivent être prononcées ; voilà le sens de ma règle.

Puisqu'il faut une décision judiciaire du chef de la récidive, les juges doivent aussi motiver de ce chef. (Art. 7 de la loi du 20 avril 1810.) La Cour suprême a cassé des arrêts qui prononçaient sans motifs les peines de la récidive. Il suffirait toutefois de viser les articles 56 et suivants. (Cass., 28 août 1856 et 1er décembre 1859.)

Les juges régulièrement saisis de la connaissance d'un délit doivent librement condamner aux peines qu'il mérite. Ainsi l'absence de conclusions de la part du ministère public ne les dispenserait pas de prononcer les peines encourues par une récidive. La Cour de cassation réformerait les arrêts qui auraient statué autrement. (Cassation, 9 juin 1826.)

Enfin, et c'est le dernier point sur lequel j'insiste, les peines de la récidive doivent être prononcées par le jugement ou l'arrêt qui statue sur le second délit. Un jugement à part ne serait pas légal. Au correctionnel, elles doivent être prononcées en première instance ; elles pourraient l'être cependant sur l'appel du ministère public, mais jamais sur celui du condamné. Sa situation, en effet, ne peut être aggravée par son appel.

Toutes ces règles découlent nécessairement des principes généraux, et c'est par elles que je termine cette deuxième section.

Avant de passer au chapitre suivant, je veux cependant traiter encore deux questions que je place ici, parce qu'elles se présentent aussi sous une forme générale.

Première Question. — L'ancien article 634 du Code d'instruction criminelle portait :

« Le condamné pour récidive ne sera jamais « admis à la réhabilitation. »

C'était le seul effet général différent de celui des autres condamnations pénales attribué par la loi aux condamnations pour récidive. Encore n'était-il pas aussi général qu'il en avait l'air. La réhabilitation n'étant possible alors qu'après une condamnation afflictive ou infamante, cette rigueur spéciale s'appliquait seulement aux récidives de crime à crime.

La loi du 3 juillet 1852 a étendu le bénéfice de la réhabilitation aux individus condamnés à des peines correctionnelles. La question naissait alors de savoir si les récidives de délit à délit, ou de crime puni de peines correctionnelles à délit, ou réciproquement, ou enfin de crime puni de peines correctionnelles à crime puni des mêmes peines, seraient privées des avantages de la loi nouvelle.

La question est tranchée dans un sens favorable par le nouvel art. 634 :

« Aucun individu condamné pour crime, qui « aura commis un second crime et subi une « nouvelle condamnation à une peine afflictive ou « infamante, ne sera admis à la réhabilitation. »

Il résulte de là que de toutes les espèces de récidives une seule fera obstacle à la réhabilitation, la récidive de l'art. 56, de crime puni d'une peine afflictive ou infamante à crime puni de la même peine[1].

[1] Bertauld, p. 402. — Caen, 27 décembre 1854.

Deuxième Question. — La seconde question n'a plus aujourd'hui qu'un intérêt historique; il s'agit du changement de compétence pour les crimes commis en récidive.

Aux termes de l'art. 553 du Code d'instruction criminelle : « Les crimes commis par des vaga-« bonds, gens sans aveu et *par des condamnés à des « peines afflictives ou infamantes*, seront jugés, sans « jurés, par les juges ci-après désignés et dans les « formes ci-après prescrites. »

Les récidives de crime à crime étaient donc du ressort des Cours spéciales; c'était une aggravation considérable. Outre la composition exceptionnelle de ces Cours, il faut remarquer l'excessive rapidité de leurs formes de procédure et surtout la disposition de l'art. 598 d'après lequel « l'arrêt sera exécuté dans les vingt-quatre heures. » C'était autoriser la Cour spéciale à opposer un *veto* au droit de grâce du souverain.

Les Cours spéciales furent supprimées par la Charte de 1814; mais la loi des 20-27 décembre 1815 leur substitua les Cours prévôtales; l'art. 8 de cette loi disposait formellement que les Cours prévôtales connaîtraient de tous les crimes attribués aux Cours spéciales par le Code d'instruction criminelle. Cette juridiction ne fut définitivement supprimée que par l'art. 54 de la Charte de 1830.

A partir de cette époque, les récidives ont été soumises sans exception aux juridictions de droit commun. C'est la première fois depuis longtemps. J'ai cité les ordonnances de Louis XIV, qui les plaçaient dans le ressort des prévôts. J'ai rappelé aussi les dispositions des lois révolutionnaires qui, en aggravant les peines, aggravaient aussi la compétence. Il a fallu arriver à une époque où le principe même de toute juridiction exceptionnelle a disparu pour lui soustraire les récidives; tant il est vrai que toujours on les a comptées au nombre des crimes les plus graves et les plus dangereux.

CHAPITRE II

RÈGLES GÉNÉRALES SUR LA RÉCIDIVE EN MATIÈRE DE CRIMES ET DE DÉLITS

Je ne saurais mieux commencer ce chapitre qu'en citant les paroles de M. Treilhard au Corps législatif devant lequel il avait à développer le système de la loi : « L'Assemblée constituante, « dit-il, n'a établi contre le second crime que « les peines prononcées par la loi, sans distinction « de la récidive ; mais elle a voulu qu'après la « peine subie, les condamnés pour récidive « fussent déportés, disposition qui ne nous paraît « pas conforme aux règles d'une justice exacte, « puisqu'elle ne fait aucune différence entre celui « dont le deuxième crime emporte la réclusion « et celui dont le deuxième crime emporte « vingt-quatre années de fers. Il nous a paru « convenable de chercher une autre règle plus « compatible avec les proportions qui doivent « exister entre les peines et les crimes ; elle se « présente naturellement ; c'est d'appliquer au « crime, en cas de récidive, la peine immédia- « tement supérieure à celle qui devrait être « infligée au coupable s'il était condamné pour la « première fois. »

Le principe établi en 1810 était donc que la récidive devait entraîner changement de peine avec aggravation d'un degré. Toutefois ce principe avait eu à lutter contre quelques contradicteurs. La commission du Corps législatif, nous apprend Locré [1], aurait voulu limiter l'aggravation à une augmentation de durée dans la peine, sans en changer la nature. Mais ce système ne fut pas admis ; du moins en ce qui touche les crimes. Il prévalut seulement pour les délits et il ne fut généralisé à quelques espèces de crimes que par la loi de 1832.

Ces deux idées sont encore celles qui président aujourd'hui au système général de notre loi sur les récidives. Dans certains cas, simple augmentation dans la durée du châtiment ; dans d'autres, au contraire, aggravation dans sa nature même. Joignons-y encore ces deux règles, que notre Code pénal procède par prévision des récidives générales et qu'il n'admet jamais d'aggravation réitérée, et nous aurons les principes généraux de la théorie qu'il me reste maintenant à exposer.

Les bases du système, comme on le voit, sont assez nettement établies ; mais les règles de détail sont beaucoup moins claires. Les jurisconsultes et la jurisprudence ont fait les efforts les plus louables pour arriver à s'entendre, et il n'y ont pas encore réussi. Aussi peut-on dire qu'il n'y a pas de sujet, dans tout notre droit

[1] Tome XXIX, Observations, p. 188.

criminel, aussi obscur et aussi incertain que le nôtre.

Je vais m'attacher de la manière la plus scrupuleuse à la méthode historique ; c'est, je crois, le meilleur moyen d'obtenir un peu de clarté. J'étudierai dans trois sections différentes le code de 1810, la réforme de 1832 et enfin la loi de 1863 ; dans chacune de ces époques, je donnerai d'abord le commentaire des textes et j'exposerai ensuite d'une manière méthodique les différentes hypothèses qui peuvent se présenter avec leur solution. Cette méthode peut m'exposer à quelques répétitions. On me les pardonnera, je l'espère, si du moins j'arrive ainsi à être intelligible et complet.

SECTION Ire

PREMIÈRE PÉRIODE, DE 1810 A 1832

Le Code de 1810 a consacré à la récidive des crimes et délits les trois articles 56, 57 et 58.

Aux termes de l'art. 1er de ce même Code, les infractions sont divisées en trois classes, d'après la peine que la loi leur inflige : les contraventions, infractions punies d'une peine de police ; les délits, infractions punies d'une peine correctionnelle ; et les crimes, infractions punies d'une peine afflictive ou infamante.

Les contraventions devaient être laissées de côté dans les art. 56, 57 et 58. Les règles de la récidive à leur égard étaient réunies plus loin au chapitre II du livre IV. Il ne restait donc que les crimes et les délits. En combinant ces deux éléments l'un avec l'autre et deux à deux, il semblait n'y avoir, au point de vue de la récidive, que quatre hypothèses possibles : récidive de crime à crime, de crime à délit, de délit à crime et de délit à délit; soit, en remplaçant les mots de crime et de délit par leurs définitions légales : récidive d'infraction punie d'une peine afflictive ou infamante à infraction punie d'une peine du même genre; récidive d'infraction punie d'une peine afflictive ou infamante à infraction punie d'une peine correctionnelle, ou *vice versa;* enfin, récidive d'infraction punie d'une peine correctionnelle à infraction punie également d'une peine correctionnelle.

C'est évidemment sous l'empire de ces idées, fort justes d'ailleurs si l'on avait voulu observer scrupuleusement les règles de l'art. 1er, qu'ont été rédigés nos articles 56, 57 et 58.

L'art. 56 prévoyait la première hypothèse : la récidive de crime à crime; l'art. 57, la seconde : la récidive de crime à délit; la troisième était passée sous silence, on ne pensait pas que pour elle il dût y avoir aggravation; enfin l'art. 58 avait pour objet la quatrième et dernière, la récidive de délit à délit.

Ces préliminaires établis, je puis entrer dans l'examen des textes :

Commentaire de l'art. 56.

Art. 56. — Quiconque ayant été condamné pour crime aura commis un second crime emportant la dégradation civique, sera condamné au carcan. — Si le second crime emporte le carcan ou le bannissement, il sera condamné à la peine de la réclusion. — Si le second crime entraîne la peine de la réclusion, il sera condamné à la peine des travaux forcés à temps et à la marque. — Si le second crime entraîne la peine des travaux forcés à temps ou la déportation, il sera condamné aux travaux forcés à perpétuité. — Si le second crime entraîne la peine des travaux forcés à perpétuité, il sera condamné à la peine de mort.

Cet article, comme les deux qui vont suivre, répond à trois questions : Quel est le premier terme de la récidive qu'il prévoit? — Quel en est le second terme? — Quelle est la règle d'aggravation qu'il prescrit?

I. — La réponse à la première question se trouve dans la première ligne : *Quiconque ayant été condamné pour crime*. Le premier terme de la récidive dans cet article est donc une condamnation pour crime. Mais qu'est-ce maintenant qu'une condamnation pour crime? Si l'on voulait s'en tenir strictement à la règle établie par l'art. 1er du Code pénal, il faudrait dire que c'est une condamnation à une peine afflictive ou infamante, et à mes yeux c'est, en effet, le sens qu'ont toujours eu les expressions de l'art. 56.

Cependant, disons-le tout de suite, la jurisprudence avait admis sur ces mots une autre interprétation. Elle s'attachait judaïquement aux termes de la loi et elle décidait qu'il y avait eu condamnation pour crime dès que le fait puni était qualifié ainsi, quel qu'eût été d'ailleurs le châtiment prononcé, peine afflictive ou infamante, ou simplement peine correctionnelle. On le voit, la jurisprudence admettait par là implicitement qu'il pouvait y avoir des crimes punis de peines simplement correctionnelles; elle créait un nouveau genre d'infractions, inconnu à l'art. 1er du Code pénal; elle décidait qu'entre les crimes et les délits il y avait ce que j'appellerai des crimes-délits, c'est-à-dire des crimes punis de peines correctionnelles, sortes d'infractions à double face, crimes par la qualification et délits par la peine.

Cette jurisprudence est la source unique de toutes les difficultés qui se sont élevées sur notre sujet. Elle mérite donc un moment d'attention.

Au commencement de la période que j'examine en ce moment, il y avait seulement deux hypothèses où l'on admettait l'existence de cette infraction mixte : c'étaient les crimes commis par les mineurs et les crimes excusables.

D'après l'art. 67 du Code pénal, les mineurs, qui étaient déclarés avoir agi avec discernement, voyaient les peines criminelles qu'ils avaient encourues transformées en peines correctionnelles. La Cour de cassation jugeait néanmoins que les faits dont ils étaient reconnus coupables ne perdaient pas la qualité de crimes, que dès lors la condamnation correctionnelle encourue était une condamnation pour crime et, en conséquence, elle acceptait une condamnation de cette nature pour le premier terme de la récidive dans l'art. 56. (Cass., 18 avril 1818.)

De même, d'après l'art. 326, les peines encourues par les crimes reconnus excusables se réduisent à un simple emprisonnement correctionnel. On reconnait aussi en pratique que l'infraction n'en demeure pas moins au rang des crimes, et si la Cour de cassation avait eu, à l'époque que j'étudie, à statuer sur l'espèce, elle aurait dû, par esprit de logique, faire également d'une condamnation semblable la condamnation exigée par l'art. 56.

Je pourrais contester le principe même de cette jurisprudence. Je pourrais soutenir que, dans nos deux espèces, le crime dégénère en délit en même temps que la peine criminelle dégénère en peine correctionnelle. Cette théorie me paraît même la plus juridique, puisqu'elle s'appuie sur l'art. 1er, le texte même qui a pour but de classifier les infractions. Elle me semble aussi la plus rationnelle, puisqu'en définitive c'est la peine qui doit être la mesure de la culpabilité, et que si l'on applique la peine du délit, il est illogique d'en conclure à la culpabilité du crime. Surtout, on aurait ainsi l'avantage extrême de supprimer par leur principe une série de difficultés des plus graves qui naissent de la jurisprudence admise. Mais aujourd'hui il serait inutile d'entamer une semblable controverse. La jurisprudence est trop ancienne; elle a été admise comme incontestable dans la discussion des réformes introduites depuis quelque temps dans notre législation criminelle, et on peut dire maintenant que, si autrefois elle n'était pas légale, elle l'est, en tout cas, devenue.

Il faut donc admettre que, dans les deux espèces prévues ci-dessus, il y avait réellement une condamnation pour crime, et cependant, même après cette concession, je ne crois pas qu'il fût possible d'y trouver le premier terme de l'art. 56.

Le motif de cette opinion se trouve tout entier dans le principe même qui est la base des peines de la récidive. Pour qu'une peine puisse être aggravée, il faut qu'on ait constaté son insuffisance; or, les peines qui sont aggravées par l'art. 56 sont toutes des peines criminelles; donc, cet article suppose que la récidive s'est produite après l'application d'une peine criminelle; donc, la condamnation pour crime, exigée comme premier terme de la récidive par l'art. 56, est une condamnation à une peine afflictive ou infamante. Ce raisonnement me paraît irréfutable, et, à mon avis, il devait prévaloir contre la jurisprudence de la Cour de cassation.

La loi du 25 juin 1824 vint bientôt faire ressortir d'une manière plus frappante encore les vices de cette jurisprudence.

Cette loi introduisait deux graves modifications dans notre droit. En premier lieu, elle donnait à la Cour d'assises le pouvoir d'admettre, dans certains cas, des circonstances atténuantes au profit des accusés déclarés coupables par le jury, et en conséquence d'abaisser la peine due au crime commis, quelquefois jusqu'à une peine correctionnelle. Cette hypothèse fut immédiatement assimilée à celle du mineur et du crime excusable. La jurisprudence n'hésita pas à décider que les circonstances atténuantes ne changeaient pas la qualification ; qu'il y avait donc, dans l'espèce, un troisième cas de crime puni de peines correctionnelles, et à la première occasion on reconnut aussi que cette nouvelle espèce de condamnation correctionnelle pour crime rentrait, comme les deux autres, dans les termes de l'art. 56. (Cass., 3 mars 1831.)

Cette troisième hypothèse était de nature à se produire bien plus souvent que les deux autres. Aussi la décision de la Cour suprême fit-elle une vive impression; on l'attaqua avec une certaine ardeur, et la réforme de 1832 fut ainsi peu à peu préparée.

D'ailleurs, la Cour de cassation faisait, à la même époque, une première brèche à son système et en montrait ainsi le peu de solidité. La loi de 1824, ai-je dit, avait introduit une seconde modification au Code pénal. Dans son art. 1er, elle avait décidé que les mineurs de seize ans, qui n'auraient pas de complices au-dessus de cet âge et seraient prévenus de crimes autres que ceux auxquels la loi attache la peine de mort, de la déportation ou des travaux forcés à perpétuité, seraient jugés par les tribunaux correctionnels, conformément aux art. 66, 67 et 68. Cette disposition ne touchait ni à la qualification ni à la peine; elle changeait seulement la compétence pour éviter, autant que possible, à des enfants le scandale de la Cour d'assises. Malgré cela, la Cour suprême décida dès lors que les condamnations prononcées ainsi contre les mineurs par des tribunaux correctionnels n'étaient plus des condamnations pour crime, pouvant servir de premier terme à la récidive de l'art. 56, mais bien des condamnations pour délits. (Cass., 27 juin 1828; — 2 octobre 1828; — 9 février 1832.) Dès lors, la même condamnation, à la même peine, pour le même fait, était ou n'était pas le premier terme de la récidive pour crime, selon qu'elle émanait de la Cour d'assises ou du Tribunal correctionnel; en d'autres termes, puisque c'était là la règle de la compétence, selon que le coupable avait ou n'avait pas de complice au-dessus de seize ans. La doctrine, qui avait besoin de distinctions aussi arbitraires pour se soutenir, prouvait une fois de plus qu'elle était en dehors de la loi. Aussi le nouvel art. 56 de la réforme de 1832 vint-il déclarer que le premier terme de la récidive dans l'art. 56 serait une condamnation à une peine afflictive ou infamante.

II. — Le second terme de la récidive, dans l'art. 56, c'est un crime puni d'une peine afflictive ou infamante : Quiconque ayant été condamné pour crime *aura commis un second crime emportant la dégradation civique*, etc. Dès que la peine de l'infraction commise après la condamnation pour crime est inférieure à la dégradation civique, nous ne rentrons plus dans les prévisions de l'art. 56, le second terme de la récidive qu'il punit n'est pas réalisé.

Mais ici se présente immédiatement une des

questions les plus délicates de tout le sujet. A quel moment l'art. 56 a-t-il entendu se placer pour apprécier la peine encourue par le crime? Cet article exige sans doute pour second terme de la récidive un fait qui emporte une peine criminelle, mais suffit-il qu'il l'emporte habituellement en vertu de la place qui lui a été assignée dans l'échelle des infractions, ou faut-il qu'il l'emporte même dans l'espèce, après tous les calculs de causes atténuantes terminés? Ceci revient à demander dans quel ordre il faut calculer l'aggravation de la récidive et l'atténuation des excuses. J'examinerai cette question sous l'empire de la loi de 1832. C'est seulement alors qu'elle est devenue du domaine de la pratique. A notre époque, pour que la difficulté se fût présentée, il aurait fallu que le crime commis en récidive eût été le fait d'un mineur de seize ans, ou tout au moins un crime excusable, deux hypothèses rares qui peut-être ne se sont jamais présentées. Quant à la loi de 1824, elle n'avait pu faire naître la question. L'art. 12 de cette loi décidait en effet, sauf une exception pour l'infanticide, que les circonstances atténuantes ne pouvaient être appliquées aux individus condamnés antérieurement « soit à des peines afflictives ou infamantes, soit à un emprisonnement correctionnel de plus de six mois. »

Il faut attendre, pour rencontrer des décisions pratiques, que les circonstances atténuantes soient applicables aux récidives. Je dirai seulement que les principes reconnus depuis 1832 auraient dû aussi être appliqués antérieurement à cette date, car rien, dans la loi nouvelle, ne pouvait sur ce point motiver un changement.

III. — Enfin, l'art. 56 appliquait, aux récidives qu'il avait pour but de punir, un système d'aggravation fort simple. C'était le système annoncé par M. Treilhard avec toute sa simplicité rigoureuse. Le crime commis en récidive était puni de la peine supérieure à celle qu'il eût encourue sans cette circonstance ; le principe était, du reste, appliqué avec une logique inexorable et l'on ne s'arrêtait même pas devant la peine de mort. De la dégradation civique on passait au carcan ; du carcan ou du bannissement, à la réclusion ; de la réclusion, aux travaux forcés à temps ; des travaux forcés à temps ou de la déportation, aux travaux forcés à perpétuité ; et de ceux-ci, à la mort.

C'était beaucoup trop de sévérité et ce fut aussi sur ce point qu'insista principalement la réforme de 1832.

Je m'arrête ici pour la première période. Nous retrouverons sous la seconde les articles 57 et 58 sans la moindre modification. Il me suffira donc de les expliquer alors. Quant à mon second paragraphe, il doit être également, dans mon système, le même pour les deux époques. Je renvoie donc aussi à la fin de la section suivante.

SECTION IIe

DEUXIÈME PÉRIODE, DE 1832 A 1863

§ 1er. — Commentaire des textes.

La loi de 1832 a porté principalement son attention sur l'aggravation que devait entraîner la récidive de l'art. 56; mais elle ne s'est pas occupée de déterminer les espèces où il pouvait y avoir récidive autrement que le Code de 1810 ne l'avait fait. Elle a pris soin seulement de ramener la jurisprudence au vrai sens de la loi dans un cas où elle s'en était écartée; mais elle n'a pas fait autre chose; notamment, elle ne s'est pas préoccupée des crimes punis de peines correctionnelles, de ces infractions mixtes introduites peu à peu par la pratique, et elle les a abandonnées aux discussions des magistrats et des jurisconsultes. Pour la loi de 1832 comme pour le Code de 1810, il semble n'y avoir que quatre espèces de récidives : la récidive de crime à crime, de crime à délit, de délit à délit et de délit à crime. Les trois premières sont prévues et, quant à la dernière, le silence des textes indique assez qu'elle doit être impunie.

Commentaire de l'art. 56.

Art. 56. — Quiconque ayant été condamné à une peine afflictive ou infamante aura commis un second crime emportant, comme peine principale, la dégradation civique, sera condamné au bannissement. — Si le second crime emporte la peine du bannissement, il sera condamné à la peine de la détention. — Si le second crime emporte la peine de la réclusion, il sera condamné à la peine des travaux forcés à temps. — Si le second crime emporte la peine de la détention, il sera condamné au maximum de la même peine, laquelle pourra être élevée jusqu'au double. — Si le second crime emporte la peine des travaux forcés à temps, il sera condamné au maximum de la même peine, laquelle pourra être élevée jusqu'au double. — Si le second crime emporte la peine de la déportation, il sera condamné aux travaux forcés à perpétuité. — Quiconque ayant été condamné aux travaux forcés à perpétuité, aura commis un second crime emportant la même peine, sera condamné à la peine de mort. — Toutefois, l'individu condamné par un tribunal militaire ou maritime ne sera, en cas de crime ou délit postérieur, passible des peines de la récidive qu'autant que la première condamnation aurait été prononcée pour des crimes ou délits punissables d'après les lois pénales ordinaires.

I. — La loi de 1832 tranche, dans la première ligne de notre article, la controverse que nous avons examinée sur la signification de ces mots, *condamné pour crime*, et elle la tranche suivant le sens que nous avons reconnu à ces expressions: *Quiconque*, dit-il, *ayant été condamné à une peine afflictive ou infamante*. Dès lors, il n'y a donc plus eu de doute sur cette difficulté; le premier terme de la récidive, dans l'art. 56, est nécessairement une condamnation à une peine afflictive ou infamante. Je n'ai pas besoin d'insister davantage sur ce point; je rappelle seulement l'opinion que j'ai déjà émise: la loi de 1832 n'a pas introduit ici une modification à la loi; elle a seulement condamné une fausse interprétation que la jurisprudence en avait faite.

II. — Le second terme de la récidive, pas plus que le premier, n'a changé avec le nouvel article 56. Ce deuxième terme est toujours un second crime emportant au moins la dégradation civique, c'est-à-dire une peine afflictive ou infamante.

Mais je retrouve ici la controverse que j'avais annoncée sur le point de savoir à quel moment du calcul pénal il faut se placer pour déterminer, à l'égard de la récidive, si le second crime emporte oui ou non une peine afflictive ou infamante. En d'autres termes, dans quel ordre faut-il calculer la récidive et les autres causes d'aggravation ou d'atténuation? Voici l'opinion de M. Ortolan: « Lorsque la même cause, dit-il, présente à la « fois des circonstances aggravantes, des excuses « et des circonstances atténuantes, voici comment « et dans quel ordre le juge doit opérer. Il doit: « 1° se reporter à la peine édictée par la loi contre « le crime ou le délit à l'état normal; 2° augmenter « cette peine, comme l'ordonne la loi, à raison des « circonstances aggravantes constatées; 3° opérer « sur cette peine ainsi aggravée l'atténuation « voulue par les excuses dont il s'agit; 4° sur la « peine formant le résultat final de cette opération,

« effectuer l'abaissement motivé par les circon-
« stances atténuantes. »

Dans ce système, la récidive, comme circonstance aggravante, doit donc se calculer avant les excuses et les circonstances atténuantes. Il en résulte, au point de vue qui nous intéresse, cette conséquence grave qu'au moment où il s'agira de calculer la récidive, il n'y aura jamais de crime puni d'une peine correctionnelle. En effet, la peine des crimes ne peut s'abaisser à ce niveau que par suite d'une cause quelconque d'atténuation dont le calcul, d'après M. Ortolan, ne doit jamais intervenir avant celui de la récidive.

Cette manière de calculer était généralement adoptée par les auteurs avant 1863. (Chauveau et Hélie, 4e édition, nos 149 et 2110. — Trébutien, I, p. 298. — Bertauld, p. 414. — Blanche, n° 489.) Elle était, du reste, consacrée par la jurisprudence de la Cour de cassation qui la motivait en ces termes : « Attendu qu'aux termes de l'art. 463 du « Code pénal, les modifications apportées à la « condamnation par l'effet des circonstances atté- « nuantes s'appliquent à la peine prononcée par « la loi ;

« Attendu qu'il ressort de la combinaison de ces « deux articles (56 et 463) qu'en cas de récidive la « peine prononcée par la loi est, avant tout et en « dehors desdites circonstances, la peine qu'em- « porte le fait du crime reconnu constant, aggravé « par une première condamnation à une peine « afflictive ou infamante, laquelle constitue un « élément pénal préexistant à la condamnation du « jury et identifié au titre de l'accusation ;

« Attendu que cette interprétation est confirmée « par le septième alinéa dudit article 463, qui « détermine l'effet des circonstances atténuantes « dans leur rapport avec le maximum d'une peine « afflictive, ce qui comprend nécessairement le « cas où cette peine n'est portée au maximum que « par suite de l'état de récidive. » (Cass., 31 janvier 1845, 8 janvier 1848, 15 janvier 1857.)

Devons-nous accepter ce système comme l'expression de la vérité? Tout d'abord les arguments de texte, invoqués par la Cour, ne me touchent nullement. Sans doute l'atténuation de l'art. 463 s'applique à la peine prononcée par la loi; mais quelle est cette peine, c'est ce que nous nous demandons; est-ce la peine aggravée par la récidive, ou bien est-ce la peine à l'état normal? L'art. 463 de la loi de 1832 ne le dit nullement.

L'argument tiré du septième paragraphe du même article n'est pas plus concluant. Il faudrait, pour lui accorder quelque valeur, admettre que dans notre droit le maximum d'une peine n'est jamais prononcé qu'en matière de récidive. Or, ceci est une erreur; il suffit de lire, entre autres, l'article 332 qui prononce le maximum des travaux forcés à temps.

Il reste enfin l'argument de principe qui seul, je crois, peut nous diriger dans la question. Or, ici j'établis immédiatement une distinction entre les excuses d'une part, et les circonstances atténuantes de l'autre.

En ce qui touche les excuses, qu'il s'agisse de minorité ou de l'un des faits prévus aux articles

321 et suivants, je me sépare entièrement de la théorie commune. Je crois fermement sur ce point qu'il aurait toujours fallu tenir compte de ces excuses avant de calculer la récidive, et je le crois, parce qu'aucun texte ne disait le contraire et que la raison me paraît exiger cette solution. La marche à suivre dans le calcul d'une peine me paraît être la suivante : rechercher d'abord le châtiment infligé à l'infraction dans son état normal ; puis tenir compte peu à peu des diverses circonstances en commençant par celles qui ont avec le fait même la liaison la plus étroite, et en s'éloignant par degrés jusqu'aux accidents d'une influence plus légère. Or, si l'on suit cette marche, il me semble que, soit les excuses, soit la minorité, doivent passer bien avant la récidive. Celle-ci n'est qu'un renseignement sur la moralité du coupable, son antécédent légal, qui prouve sa perversité habituelle, mais n'a pas sur le fait à punir une action directe et immédiate. Celles-là, au contraire, sont toujours profondément unies à lui, tantôt comme parties intégrantes de lui-même, par exemple, la provocation ; tantôt au moins comme un signe caractéristique de la volonté coupable, non pas dans le passé, mais au moment même de la perpétration du crime, par exemple, la minorité.

Je suis beaucoup moins affirmatif à l'égard des circonstances atténuantes. La question de principe est même ici tellement difficile à trancher, que, dans le silence des textes, il m'est presque impossible de dire quel système devrait être, à mon avis, le système de la loi. La difficulté vient surtout du caractère mixte que présente dans notre droit l'institution des circonstances atténuantes. Quand le jury les accorde à un accusé, que fait-il en définitive? Veut-il dire que le fait, tout en revêtant les caractères de l'infraction légale, ne mérite pas toute la sévérité de la loi; dans ce cas, les circonstances atténuantes portent directement sur le fait; il faudrait les calculer avant la récidive. — A-t-il entendu, au contraire, les puiser dans la vie antérieure de l'accusé? Il faudrait, si c'était possible, les faire marcher de front avec la récidive. — Serait-ce enfin une sorte de droit de grâce qu'il a entendu exercer? Dans ce cas, comme la grâce ne s'accorde qu'à un homme irrévocablement condamné, évidemment les circonstances atténuantes doivent passer après tout le reste. Or, dans notre droit, les circonstances atténuantes sont un peu tout cela; en sorte qu'on pourrait, sans violer les principes, en faire le calcul soit avant soit après la récidive. Cependant, en raison surtout de la juridiction qui les reconnaît, je serais tenté de les calculer avant. C'est en effet le jury qui, après avoir reconnu le fait et toutes ses modifications, décide aussi s'il y a, oui ou non, des circonstances atténuantes. Il semblerait donc que la Cour d'assises devrait tenir compte d'abord de tous les documents que le verdict du jury a constatés avant de s'occuper des faits qu'elle seule doit examiner, ainsi qu'il advient pour la récidive.

Dans ce système, contrairement à ce qui arrivait

avec le précédent, il peut se faire qu'au moment de calculer la récidive, on se trouve en présence d'un crime puni d'une peine correctionnelle ; mais, dans un système pas plus que dans l'autre, on n'admettrait un crime puni de cette manière pour le second terme de la récidive de l'art. 56. En effet, cet article suppose toujours que l'aggravation exerce son influence sur une peine criminelle.

J'ai insisté longtemps sur la difficulté que je viens d'étudier parce qu'elle est la base de toutes les controverses soulevées autour de la loi nouvelle de 1863. Je dois dire également que le second système que j'ai proposé n'a jamais été, que je sache, présenté ni soutenu par personne, quoique ses plus graves conséquences aient été adoptées par des jurisconsultes éminents, comme nous le verrons tout à l'heure.

Je passe à la troisième partie de l'art. 56.

III. — L'art. 56 détermine enfin quelle sera l'aggravation motivée par la récidive. C'est ici surtout que la réforme de 1832 a fait sentir sa bienfaisante influence.

Trois principes nouveaux se font jour à cette époque : le premier, c'est la division des peines en peines politiques et peines de droit commun ; le second, c'est l'impossibilité de passer d'une peine temporaire à une peine perpétuelle par l'effet de la récidive ; le troisième enfin, c'est la nécessité de restreindre la peine de mort pour récidive au cas de deux condamnations successives aux travaux forcés à perpétuité.

Voici, d'après ces principes, de quelle manière la loi de 1832 règle l'ordre des aggravations pour récidive :

Dans l'échelle des peines ordinaires, de la réclusion on passe aux travaux forcés à temps; la marque n'est plus prononcée comme en 1810; elle a été supprimée en 1832 ; — des travaux forcés à temps, au maximum de la même peine qui pourra aussi être élevée au double ; autrefois on passait aux travaux forcés à perpétuité ; — enfin, des travaux forcés à perpétuité, à la peine de mort, pourvu toutefois que le premier terme de la récidive ait été aussi une condamnation aux travaux forcés à perpétuité. Dans toute autre hypothèse, la récidive n'exerce aucune influence sur la peine des travaux forcés encourue par le second crime.

L'ancien art. 56, d'après lequel la peine des travaux forcés devait toujours, en cas de récidive, se changer en la peine de mort, avait déjà été attaqué en 1808, lors de la discussion du Code pénal. La commission du Corps législatif était contraire à cette disposition. Elle fut néanmoins adoptée. En 1829, le garde des sceaux, M. Bourdeau, présenta à la Chambre des pairs un projet de loi dans le but de restreindre la peine de mort au cas de meurtre précédé déjà d'une condamnation aux travaux forcés à perpétuité. Mais cette proposition n'eut pas de suite. En 1832, l'art. 13 du projet allait encore plus loin : il disposait que l'aggravation pour cause de récidive ne donnerait jamais lieu à la peine de mort. Cet article fut modifié, avant la discussion, dans le sens actuel; mais il fut reproduit en amendement. L'amendement fut repoussé, par cette considération surtout qu'il rendait toute répression impossible contre les condamnés aux travaux forcés à perpétuité qui se seraient évadés, et l'art. 56 actuel prit place dans la loi. Cette disposition est assez importante pour que j'ai dû en faire l'histoire avec soin. Quant à la question philosophique qu'elle soulève, je m'en suis déjà occupé dans ma première partie.

Je passe maintenant à l'aggravation dans l'échelle des peines politiques. De la dégradation civique on ne passe plus au carcan, qui a été supprimé, mais au bannissement; — du bannissement on ne passe plus à la réclusion, peine de droit commun, mais à une peine politique créée en 1832, à la détention; — de la détention on s'élève au maximum de cette peine qui peut être portée au double; — enfin, de la déportation on continue à passer, comme en 1810, aux travaux forcés à perpétuité.

Sous l'empire de la loi de 1832, cette dernière hypothèse est la seule où l'aggravation pour récidive fasse passer d'une peine politique à une peine de droit commun. Voyons si la loi du 8 juin 1850 n'aurait point fait disparaître cette anomalie.

La loi du 8 juin 1850 a eu un double but: réglementer le mode d'exécution de la déportation prévue par le Code pénal et créer un second degré de déportation, la déportation dans une enceinte fortifiée, destinée à remplacer la peine de mort en matière politique.

Cela posé, une première difficulté se présente : l'individu condamné à une peine afflictive ou infamante qui commet un second crime passible de la déportation aggravée verra-t-il sa peine transformée, par suite de la récidive, en celle des travaux forcés à perpétuité? La négative me paraît évidente : l'art. 56, 5°, n'est pas applicable à une peine qui n'existait pas lors de sa rédaction; d'ailleurs, la peine de mort n'a jamais pu être aggravée; la déportation dont il s'agit en a pris la place; elle ne sera, elle non plus, susceptible d'aucune aggravation [1].

Une seconde question me paraît plus délicate. Dans le cas où l'art. 56 décide que de la déportation il faudra passer aux travaux forcés à perpétuité, doit-on, depuis la loi de 1850, remplacer cette peine par celle de la déportation aggravée? La négative n'a qu'un seul argument, mais il est très grave : la loi de 1850 est restée muette sur l'espèce; donc l'art. 56 subsiste dans ses termes et il faut l'appliquer. Cependant, j'adopterai le système contraire. Sans doute il n'y a pas eu dérogation expresse à l'art. 56; mais il me semble qu'il y a eu une dérogation tacite. La loi de 1850 a complété une œuvre que la loi

[1] *Sic :* Molinier, *Revue critique*, I, p. 52; — Trébutien, p. 300; — Morin, n° 11; — Chauveau et Hélie, 3e édition, p. 290. — *Contra :* Bertauld, p. 393.

de 1832 et la jurisprudence avaient ébauchée, la création d'une double échelle pénale. L'esprit de la loi est donc que désormais le calcul des peines se fasse respectivement dans chacun des deux ordres, sans passer de l'un à l'autre. La loi de 1850 a même formellement disposé qu'il en serait ainsi pour les calculs d'atténuation ; pourquoi penser qu'elle a voulu excepter de cette règle commune les calculs d'aggravation ? D'ailleurs, il s'agit, dans l'espèce, d'une modification favorable aux condamnés, qu'il faut étendre plutôt que restreindre ; et enfin, n'y aurait-il pas contradiction à prononcer les travaux forcés à la place de la déportation simple, tandis que la déportation aggravée ne subirait aucune modification ? Tous ces motifs me font croire que ce système l'emporterait si une espèce se présentait à la décision de la jurisprudence [1].

Commentaire de l'art. 57.

Sur cet article, comme sur le précédent, nous avons aussi à nous demander quel est le premier terme de la récidive, quel en est le second et quelles sont les règles d'aggravation qu'il prescrit :

ART. 57.— Quiconque ayant été condamné pour un crime, aura commis un délit de nature à être puni correctionnellement, sera condamné au maximum de la peine portée par la loi, et cette peine pourra être élevée jusqu'au double.

[1] *Sic :* MORIN, *loc. cit.* ; — MOLINIER, *loc. cit.* ; — CHAUVEAU et HÉLIE, *loc. cit.* ; — BERTAULD, p. 393. — *Contra :* ORTOLAN, n° 1032 ; — BLANCHE, n° 488.

I. — L'art. 57 commence de la même manière que l'art. 56 du Code de 1810 : « Quiconque ayant « été condamné pour un crime. » L'art. 57, d'ailleurs, date aussi de 1810. De cette observation, il faut conclure que le premier terme de la récidive, dans l'art. 57, est le même que dans l'art. 56, au moins avant la révision de 1832.

Si donc on se rappelle la démonstration que j'ai déjà fournie sur ce point, il faut dire que le premier terme de la récidive, dans l'art. 57, est aussi une condamnation à une peine afflictive ou infamante. Le Code, après avoir prévu la récidive de crime à crime, s'occupe ici de la récidive de crime à délit[1].

Il s'en faut que cette opinion ait été généralement admise.

La Cour de cassation d'abord, avant 1832, jugeait toujours, et en cela elle était logique, que la condamnation pour crime de l'art. 57, comme celle de l'art. 56, était une condamnation quelconque, même à une peine correctionnelle. Mais, même depuis la modification de l'art. 56, elle avait persévéré dans sa jurisprudence ; elle ne l'a modifiée qu'en 1860 ; elle a jugé alors que, pour le premier terme de l'art. 57, il fallait une peine afflictive ou infamante, comme pour le premier terme de l'art. 56. (Cass., 11 août 1860.)

Il y avait de plus des auteurs qui, même depuis 1832, soutenaient qu'une condamnation pour crime, même correctionnelle, rentrait dans les

[1] Dans ce sens : BLANCHE, n° 500.

termes de l'art. 57. Ils se fondaient sur les termes stricts de l'article, *condamné pour crime*, et ils argumentaient *à contrario* de la modification subie par l'art. 56. Si la loi, disaient-ils, a changé la jurisprudence seulement sur ce point, c'est qu'elle la respectait sur les autres. Mais cet argument présuppose la légalité de la jurisprudence en question, et comme je n'ai pas admis ce principe, je dois repousser sa conséquence [1].

II. — Le second terme de la récidive dans l'art. 57, c'est tout *délit de nature à être puni correctionnellement*. Cette expression renferme-t-elle même les crimes punis de peines correctionnelles, voilà la question qui se présente à nous sur ce point.

Il faut, avant tout, prendre parti sur une controverse que j'ai exposée plus haut : dans quel ordre doit s'opérer le calcul de la récidive et des causes d'excuse ou d'atténuation. Pour ceux qui donnent la priorité à la récidive, notre question ne se présente pas ; c'est un point que j'ai déjà expliqué. Pour eux, le second terme de l'art. 57 doit être nécessairement un délit. C'est aussi dans ce sens que M. Blanche se prononce, et avec lui M. Bertauld [2].

Si l'on place, au contraire, le calcul de la récidive après celui des excuses et des circonstances

[1] En ce sens : Molinier, *Revue critique*, I, p. 422, 430. — Bertauld, p. 304 et 307.

[2] Blanche, n° 504. — Bertauld, p. 307.

atténuantes, il est évident, alors, que la difficulté peut naître et qu'il faut la résoudre. Peut-être, en s'attachant aux termes stricts de l'article qui parle uniquement de *délits*, pourrait-on soutenir encore que les crimes punis de peines correctionnelles ne rentrent pas dans cette appellation. Mais je n'adopte point ce système. En matière de récidive, je l'ai déjà dit, c'est toujours à la peine qu'il faut s'attacher, et en conséquence, dès qu'on se trouve en présence d'un fait puni d'une peine correctionnelle, on peut dire, je crois, qu'on a le second terme de l'art. 57. Ce n'est pas à dire pourtant qu'il n'y ait pas à faire à cette opinion des objections sérieuses : la plus grave, c'est qu'elle place sous l'empire de l'art. 57 des hypothèses nombreuses qui n'existaient pas lors de sa rédaction, tous les crimes punis de peines correctionnelles par l'effet des circonstances atténuantes. Mais, enfin, on peut passer outre en recourant à la disposition de l'art. 1er d'après lequel la peine seule qualifie l'infraction.

De nombreux criminalistes ont admis ce second système : je puis nommer MM. Molinier, Chauveau et Hélie et Ortolan[1]; il a aussi en sa faveur un arrêt de cassation cité par M. Blanche (n° 511), du 28 août 1845. Mais j'avouerai que, de la part de ces autorités, cette opinion m'étonne. Toutes, en effet, elles ont admis que le calcul de la récidive précède celui des causes d'atténuation; et cepen-

[1] MOLINIER, *Revue critique*, t. I, p. 55. — ORTOLAN, n° 1223, en note.

dant leur opinion dans notre espèce implique forcément un ordre contraire.

III. — Enfin, et c'est la dernière question à examiner sur l'art. 57, il dispose que celui qui se trouvera dans les termes prévus par ses dispositions sera condamné au maximum de la peine portée par la loi, peine qui d'ailleurs pourra être élevée jusqu'au double.

Quand le fait qui forme le second terme de la récidive est puni par la loi de deux peines cumulativement applicables, il résulte de cet article que les deux peines doivent être élevées au maximum, avec faculté pour le juge de prononcer le double ou de toutes deux ou de l'une seulement.

Si des deux peines l'une seulement est obligatoire, celle-là nécessairement sera portée au maximum. Le juge conservera le droit non-seulement de ne pas prononcer la peine facultative, mais aussi de se mouvoir dans la limite du minimum au maximum. L'opinion qui voudrait lui imposer l'obligation de prononcer toujours le maximum me paraît inadmissible [1].

Si enfin le fait est puni par deux peines alternatives, le juge pourra choisir entre les deux, mais celle qu'il appliquera devra être portée au maximum.

Une dernière remarque sur cet article : il ne prononce pas, comme l'art. 58, la peine de la

[1] En ce sens : BERTAULD, p. 401 ; — BLANCHE, n° 507. — *Contra* : MOLINIER, *Revue critique*, I, p. 438.

surveillance; c'est une preuve de plus qu'il supposait dans son premier terme une condamnation à une peine afflictive ou infamante, qui entraîne ordinairement la surveillance à perpétuité. Il est en effet dans l'esprit de la loi de prononcer autant que possible la surveillance contre les récidivistes. Je le sais, M. Molinier a été touché de cet argument, et comme il ne voulait pas renoncer à voir dans ces mots de l'art. 57, *condamnés pour crime*, tous les condamnés pour crime, même correctionnels, il a cru pouvoir, par analogie, étendre à l'art. 57 la surveillance prononcée par l'art. 58. Je ne crois pas, pour ma part, une pareille extension permise, et j'en tire, au contraire, un argument nouveau contre les systèmes qui recourent, pour se soutenir, à des expédients semblables[1].

Commentaire de l'art. 58.

Art. 58.—Les coupables condamnés correctionnellement à un emprisonnement de plus d'une année seront aussi, en cas de nouveau délit, condamnés au maximum de la peine portée par la loi, et cette peine pourra être élevée jusqu'au double; ils seront de plus mis sous la surveillance spéciale du gouvernement pendant au moins cinq années et dix ans au plus.

I. — Le premier terme de la récidive est ici une condamnation correctionnelle à plus d'une année d'emprisonnement, au moins à un an et un jour; mais faut-il une condamnation pour délit? Peut-on

[1] Molinier, *Revue critique*, t. Ier, p. 440.

lui assimiler une condamnation correctionnelle pour crime?

Ce dernier système est celui que j'adopte après MM. Blanche et Ortolan, et l'arrêt de cassation du 11 août 1860[1]. Le motif en est, selon moi, dans cette théorie générale que j'ai déjà émise, à savoir qu'en matière de récidive, c'est toujours à la peine subie qu'il faut faire attention, puisque c'est elle qui a été insuffisante, de même que pour le second terme, ce sera aussi de la peine qu'il faudra s'occuper, puisque c'est elle qu'il s'agit de mettre en rapport avec la perversité du coupable. D'ailleurs, les expressions de l'article ne contredisent pas du tout ce système.

La première théorie est professée, au contraire, par MM. Bertauld et Molinier[2]. Ils ont admis en effet que toutes les condamnations pour crime sont prévues par les premiers mots de l'art. 57; donc, il ne restait pour premier terme de l'art. 58 que les délits. Je n'ai pas admis la première partie de ce système; je ne puis pas davantage admettre la seconde.

II. — Le second terme de la récidive est, dans l'art. 58, *un nouveau délit*. J'assimile entièrement ces expressions à celles de l'art. 57 : *Un délit de nature à être puni correctionnellement*. En conséquence, je prends aussi dans cet article, pour

[1] Blanche, n° 502. — Ortolan, n° 1218.

[2] Bertauld, *Revue pratique*, V, p. 281 et 282. — Molinier, *Revue critique*, I, p. 60.

second terme, tout fait, délit ou crime, puni d'une peine correctionnelle, toujours bien entendu dans le système qui calcule la récidive après les causes d'atténuation.

Du reste, les auteurs admettent généralement cette assimilation entre l'art. 57 et l'art. 58. Ainsi, nous avons encore ici pour nous MM. Ortolan, Chauveau et Hélie et Molinier. Au contraire, MM. Blanche et Bertauld pensent sous notre article, comme sous l'art. 57, que le second terme de la récidive est uniquement un délit. La Cour de cassation seule a un système différent sur les deux hypothèses; elle est ici d'accord avec ces deux derniers auteurs, tandis que, sur l'art. 57, elle adoptait l'opinion que j'ai proposée. Aussi M. Blanche l'accuse-t-il, avec raison selon nous, d'une grave inconséquence[1].

III. — Enfin, quelle est l'aggravation établie par l'art. 58? C'est encore la même que celle de l'art. 57 : le maximum de la peine prononcée par la loi, avec faculté de l'élever jusqu'au double. Seulement, dans l'espèce de l'art. 58, le récidiviste devra de plus être mis sous la surveillance spéciale du gouvernement pendant cinq ans au moins et dix ans au plus.

Une dernière question s'élevait sur cet article : l'art. 463 de la loi de 1832 permettait aux juges correctionnels, *même en cas de récidive*, d'abaisser

[1] BLANCHE, nos 510 et 511. — BERTAULD, p. 396. — MOLINIER, *Revue critique*, p. 60 et 430. — ORTOLAN, no 1223, en note.

la peine, par suite des circonstances atténuantes, jusqu'à une peine de simple police. On demandait alors si la condamnation à la surveillance était néanmoins obligatoire pour eux. Cette opinion, soutenue pendant quelque temps, avait été bien vite abandonnée, et l'on admettait, dans le dernier état de la jurisprudence, qu'ils pouvaient se dispenser de la prononcer.

§ 2. — Examen résumé des diverses hypothèses qui peuvent se présenter.

Avant de passer à la loi de 1863, je veux résumer les principes et les systèmes que j'ai exposés jusqu'ici. Je vais le faire en passant en revue toutes les espèces qui pouvaient se rencontrer, avec les solutions des principaux criminalistes. Ce sera le meilleur moyen de bien faire connaître l'état de la question en 1863 et de montrer ainsi ce que la loi nouvelle avait à faire. Nous rechercherons ensuite ce qu'elle a fait.

A l'époque où nous sommes arrivés, on peut dire que le nouveau genre d'infractions qui s'est formé peu à peu devant nous a conquis dans notre législation droit de cité. Aussi maintenant pouvons-nous, devons-nous même distinguer les crimes punis de peines criminelles, les crimes punis de peines correctionnelles et les délits. En combinant ces trois éléments deux à deux et chacun avec lui-même, nous avons donc, en tout, neuf hypothèses qu'il faut maintenant énumérer.

I. — *Récidive de crime puni d'une peine criminelle à crime puni également d'une peine criminelle.*

Cette espèce était, de l'avis unanime, réglée par l'art. 56. De même, d'un avis unanime aussi, on admettait en principe qu'il fallait calculer la récidive avant les circonstances atténuantes. Ainsi, si la peine du fait à l'état normal était, par exemple, les travaux forcés à temps, on commençait par élever la peine au maximum en vertu de l'art. 56, puis on laissait aux juges le droit de l'abaisser, soit au minimum, soit à la réclusion, d'après l'art. 463. Mais, dès que l'abaissement résultant du calcul d'une excuse ou des circonstances atténuantes effectué après celui de la récidive était de nature à faire descendre la peine à une peine correctionnelle, le désaccord commençait. Les uns, comme MM. Bertauld et Blanche, conservaient le même ordre dans le calcul de la peine. Ainsi, si la peine du fait à l'état normal était la réclusion, ils remontaient aux travaux forcés à temps pour redescendre ensuite à la réclusion ou aux peines de l'art. 401. Ils continuaient donc à appliquer l'art. 56; mais, en réalité, la récidive n'avait d'autre effet que d'élever d'un an le minimum de la peine qui aurait pu, sans elle, être appliquée. — Les autres, au contraire, comme MM. Ortolan et Molinier, changeaient immédiatement l'ordre du calcul, on ne sait trop pourquoi, et ainsi cessaient d'appliquer l'art. 56 pour l'art. 57. Dans l'espèce citée, ils descendaient de suite aux peines de l'art. 401 pour remonter ensuite, en vertu de la récidive, soit au maximum, soit même au double de cette peine. — Enfin, si l'on avait suivi le système radical que j'ai proposé plus haut, on aurait toujours différé le calcul de la récidive après celui des excuses et des circonstances atténuantes, en ayant soin de n'appliquer l'art. 56 que lorsque, toutes les réductions une fois opérées, on se serait trouvé en présence d'une peine afflictive ou infamante. Dans l'espèce d'un fait puni des travaux forcés à temps, par exemple, la Cour aurait commencé par descendre à la réclusion pour remonter ensuite aux travaux forcés; ou bien, si elle avait jugé à propos de descendre de deux degrés, comme elle serait arrivée aux peines de l'art. 401, peines correctionnelles, elle aurait tenu compte de la récidive, non plus suivant l'art. 56, mais suivant l'art. 57. Je ne me dissimule pas que ce système peut paraître bizarre; le résultat que je viens d'énoncer est, du reste, un des plus singuliers. Je n'eusse pas osé le proposer sous l'empire de la loi de 1832; mais peut-être a-t-il plus de chances de succès avec celle de 1863. Il me semble être le meilleur moyen de faire entrer les nouveaux art. 57 et 58 dans un système quelque peu scientifique. Mais je reviendrai sur ce point dans la section suivante.

II. — *Récidive de crime puni d'une peine criminelle à crime puni d'une peine correctionnelle.*

Les explications que j'ai données sur l'hypothèse qui précède me permettront d'être plus bref sur celle-ci.

Pour MM. Bertauld et Blanche, qui, conséquents avec eux-mêmes, calculent toujours la récidive avant les causes d'atténuation, cette hypothèse n'existe pas; elle se confond avec celle de l'art. 56. Ils n'ont jamais comme second terme de la récidive un crime puni de peines correctionnelles.

Pour MM. Ortolan, Chauveau et Hélie, et Molinier, au contraire, elle existe, et ils lui appliquent l'art. 57.

Quant à M. Morin, il adopte cette dernière opinion si c'est une excuse qui a fait abaisser la peine, et la première si ce sont les circonstances atténuantes, c'est-à-dire qu'il calcule la récidive avant les circonstances atténuantes, mais après les excuses[1].

III. — *Récidive de crime puni d'une peine criminelle à délit.*

C'est ici incontestablement l'art. 57 qu'il faut appliquer, mais en le combinant, en cas de circonstances atténuantes, avec le dernier paragraphe de l'art. 463. Dans ce cas, la récidive n'a plus aucune influence sur le minimum de la peine; elle a seulement pour effet d'élever le maximum au double de ce qu'il serait sans elle.

IV. — *Récidive de crime puni d'une peine correctionnelle à crime puni d'une peine criminelle.*

Sans controverse, cette espèce de récidive ne mérite aucune aggravation. J'en ai déjà donné le motif : on n'aggrave que les peines démontrées insuffisantes, et la peine criminelle n'a pas encore été mise à l'épreuve.

[1] Morin, v° *Récidive*, n° 10.

V. — *Récidive de crime puni d'une peine correctionnelle à crime puni aussi d'une peine correctionnelle.*

D'après MM. Blanche et Bertauld, il n'y a pas de récidive. Nous connaissons déjà leur vrai motif : un second terme de cette espèce est pour eux impossible. D'après MM. Morin et Molinier et l'arrêt de cassation déjà cité du 28 août 1845, il faut appliquer l'art. 57.

Enfin, d'après MM. Chauveau et Hélie et Ortolan, dont j'adopte ici l'opinion, c'est le cas de l'art. 58. D'après nous, en effet, le premier terme dans l'art. 57 est une condamnation à une peine criminelle.

VI. — *Récidive de crime puni d'une peine correctionnelle à délit.*

D'après MM. Morin, Molinier et Bertauld, il faut appliquer l'art. 57.

D'après MM. Ortolan, Chauveau et Hélie et Blanche, que je suis ici, c'est le cas de l'art. 58.

La divergence vient du sens donné aux mots de l'art. 57, *condamné pour crime.*

VII. — *Récidive de délit à crime puni d'une peine criminelle.*

La récidive demeure évidemment impunie. Je me borne à renvoyer aux motifs que j'ai donnés sur la quatrième hypothèse.

VIII. — *Récidive de délit à crime puni d'une peine correctionnelle.*

D'après MM. Blanche et Bertauld, d'accord cette

fois avec la jurisprudence, la loi ne prononce aucune aggravation. L'art. 58 seul comprend le premier terme de notre espèce; mais, d'après ces auteurs, le second terme qu'il prévoit est uniquement un délit.

Pour nous, conformément à l'avis de MM. Ortolan, Chauveau et Hélie et Molinier, nous appliquons au contraire cet art. 58. En effet, c'est toujours à la peine que nous nous sommes attaché, jamais à la qualification du fait.

IX. — *Enfin récidive de délit à délit.*

C'est évidemment l'espèce propre de l'art. 58. Il faudra donc appliquer l'aggravation de cet article, mais en tenant compte de l'observation que j'ai déjà faite eu égard à l'influence du dernier paragraphe de l'art 463 sur ce sujet.

En résumé, des explications que je viens de donner il résulte que quatre systèmes principaux étaient en présence sur la question capitale de la récidive, c'est-à-dire sur la détermination de ses deux termes.

M. Bertauld s'attachait pas à pas à la lettre du Code, s'occupant surtout de la qualification de crime ou de délit, et ne faisant attention à la peine que lorsque la loi, comme dans l'art. 56, n'avait pas donné d'autre indication.

MM. Blanche et Trébutien s'attachaient à la pénalité subie pour fixer le premier terme de la récidive et à la qualification pour le second. C'est aussi, en général, le système de la Cour de cassation.

M. Molinier, au contraire, s'attachait à la peine pour le second terme et à la qualification pour le premier.

Enfin, MM. Chauveau et Hélie et Ortolan ne s'occupaient jamais que de la peine, soit pour le premier terme, soit pour le second.

De plus, ces quatre systèmes s'accordaient sur un principe commun, que le calcul de la récidive devait précéder celui des excuses et des circonstances atténuantes; mais bientôt ils se séparaient; les deux premiers poussaient le principe jusqu'à ses dernières limites; les deux autres le renversaient dès que son application ne pouvait plus empêcher une peine afflictive ou infamante de dégénérer en peine correctionnelle.

Pour moi, j'ai adopté le système de MM. Chauveau et Hélie et Ortolan, mais je l'ai modifié en ceci, que j'ai transformé en règle le mode de calcul admis par ces auteurs comme exception.

Je ne tiens jamais compte de la récidive qu'après avoir calculé les excuses et les circonstances atténuantes.

J'ai suffisamment démontré le principe même de cette théorie. Voici, du reste, le passage où M. Ortolan prend soin de l'établir. Je connais peu de raisonnements aussi clairs et aussi irréfutables : « Soit que l'on considère le fait antérieur, « objet de la condamnation déjà encourue, dit-il, « soit le fait nouveau, celui qu'il s'agit de punir, « c'est à la peine réellement prononcée qu'il faut « s'attacher.

« En effet, s'agit-il du fait antérieur, soit comme « expression de la criminalité jugée à la charge « du coupable dans ce fait, soit comme expé- « rience de l'inefficacité de la condamnation encou- « rue par le coupable, c'est la peine même, telle « qu'elle a été prononcée, qui se présente, « quelle qu'ait pu être la qualification abstraite « du fait ; si cette peine a été abaissée au taux « de la police correctionnelle, ce n'est qu'une « criminalité de ce taux qui a été mise à la « charge du coupable, ce n'est qu'une peine de « ce taux dont l'inefficacité a été expérimentée.

« S'agit-il, au contraire, du fait nouveau, la « démonstration est bien plus simple ; car c'est « la peine réellement encourue à raison de ce « fait, et seulement cette peine, qu'il est question « d'aggraver ou de modifier pour cause de la « récidive. »

Quant à la règle qui sert de complément à ce système, était-elle bien dans la pensée de la loi de 1832 ? Je l'ignore ; peut-être la difficulté ne s'est-elle même pas présentée à l'esprit du législateur. Mais je crois du moins avoir démontré qu'elle n'était pas contraire au texte de la loi et qu'elle était pour ainsi dire plus conforme aux principes du droit que la règle opposée. Je n'en demande pas davantage ; cette opinion sans doute est un peu hasardée, mais elle me paraît logique, et d'ailleurs si je la propose, c'est sans lui attacher une importance que l'inexpérience de son auteur lui refuse.

SECTION III

TROISIÈME PÉRIODE, LOI DE 1863

§ 1er. — Commentaire des textes.

Le projet de la loi du 13 mai 1863 s'est présenté tout d'abord avec les intentions les plus modestes. Il ne touchait à la récidive que par hasard ; son but principal n'était pas là ; il avait spécialement en vue la correctionnalisation d'un certain nombre de crimes. Les modifications qu'il introduisait dans nos articles étaient même accessoires : il ne touchait ni à l'art. 56, ni à l'art. 58; il ne s'occupait même pas des questions qui avaient une influence sur l'ensemble de la théorie des récidives. Il tranchait une seule controverse, celle qui s'était élevée sur le sens des premiers mots de l'art. 57 : *Quiconque ayant été condamné pour un crime;* et comme il faisait rentrer dans ces termes les condamnations correctionnelles, il ajoutait à l'art. 57 la peine de la surveillance édictée par l'art. 58 pour une hypothèse analogue. En effet, une récidive de crime à délit ne devait pas être moins punie qu'une récidive de délit à délit.

La commission du Corps Législatif alla plus loin: elle voulut trancher la question de savoir quels seraient les faits qui, dans les art. 57 et 58, pourraient être le second terme de la récidive, et sur ce point elle assimila aux délits les crimes qui devraient être punis de peines correctionnelles. Malheureusement, cette question était beaucoup plus grave que la précédente ; elle touchait aux règles fondamentales de la récidive; tout spécialement elle impliquait la solution de cette autre difficulté que nous avons examinée plus haut : dans quel ordre faut-il calculer la récidive, les excuses et les circonstances atténuantes? Du reste, il n'y aurait eu là aucun inconvénient ; au contraire, il eut été fort à propos de donner une solution légale à une controverse d'une aussi grande importance. Mais la discussion ne s'éleva pas sur ce point ; personne n'eut l'air d'apercevoir la difficulté, et après quelques explications rapides, souvent même contradictoires, la loi actuelle fut votée. Elle terminait de rares questions, mais elle en soulevait, ou du moins elle permettait d'en soulever de très nombreuses. On ne fut pas longtemps à s'en apercevoir. C'est au Garde des Sceaux d'alors, M. Delangle, que revient l'honneur d'avoir signalé l'importance et la gravité de la situation : « Il ne « faut pas se dissimuler, dit-il dans sa circulaire, « les difficultés que soulève dans la pratique la « rédaction apportée, en présence d'un verdict « qui, en déclarant l'accusé coupable d'un crime « passible soit des travaux forcés à temps, soit « de la réclusion, lui aura en même temps accordé « les circonstances atténuantes.

« Les peines de la récidive sont-elles toujours « encourues dans ces deux cas? Pourront-elles être

« atténuées au-dessous du maximum indiqué par « les art. 57 et 58? Ces graves questions devront « appeler toute l'attention des membres du parquet « et des présidents d'assises. Il ne m'appartient « pas de les résoudre théoriquement, et elles ne « pourront être tranchées définitivement que par « la Cour de cassation, éclairée par les travaux des « juridictions criminelles. »

Les travaux n'ont pas manqué. Comme nous le verrons tout à l'heure, il y a déjà, je crois, sept systèmes en présence; mais la question est loin d'être tranchée. La Cour de cassation, en quatre arrêts, a changé d'avis peut-être deux fois, en tout cas au moins une. Les jurisconsultes les plus éminents hésitent, et les Cours d'assises, de leur côté, admettent chaque jour les solutions les plus divergentes. Une anarchie semblable ne peut durer sur un sujet aussi important. En matière de droit pénal surtout, il faut savoir à quoi s'arrêter. Aussi, comme d'ailleurs aucune des opinions présentées jusqu'ici n'est capable de rallier tous les suffrages, parce qu'aucune ne répond à toutes les objections, croyons-nous que le Pouvoir législatif devrait intervenir encore une fois pour donner à son œuvre une signification sur laquelle les interprètes ordinaires ne peuvent parvenir à s'entendre. Je passe maintenant au commentaire des nouveaux textes.

Commentaire de l'art. 56.

L'art. 56 n'a pas été modifié dans ses termes par la loi nouvelle. Pour moi, je ne pense pas qu'il l'ait été davantage dans son esprit, parce que j'ai déjà soutenu sous l'empire de la loi ancienne, comme je le soutiendrai ici, que dans le calcul pénal la récidive devait venir en dernier lieu. Mais je reviendrai sur cette question à propos de l'art. 58.

Commentaire de l'art. 57.

Art. 57. — Quiconque ayant été condamné pour crime à une peine supérieure à une année d'emprisonnement, aura commis un délit ou un crime qui devra n'être puni que de peines correctionnelles, sera condamné au maximum de la peine portée par la loi, et cette peine pourra être élevée jusqu'au double. — Le condamné sera de plus mis sous la surveillance de la haute police pendant cinq ans au moins et dix ans au plus.

Cet article est la reproduction de l'ancien avec trois modifications :

1. — A la suite des mots *Quiconque ayant été condamné pour crime*, la nouvelle loi a ajouté ceux-ci : *à une peine supérieure à une année d'emprisonnement*. Ainsi, elle a décidé qu'à l'avenir une condamnation correctionnelle pour crime pourrait être le premier terme de la récidive de l'art. 57, pourvu toutefois que cette condamnation fût supérieure à une année d'emprisonnement.

Dans le système que j'ai soutenu, au contraire, les mots de l'art. 57 : *Condamnation pour crime*, signifiaient condamnation à une peine afflictive ou infamante. La nouvelle loi a donc réprouvé notre manière de voir sur ce point.

Elle a confirmé, au contraire, le système suivi par la Cour de cassation jusqu'à son arrêt du 11 août 1860, mais en le modifiant en un point. Elle exige que la condamnation pour crime, comme la condamnation pour délit de l'art. 58, soit supérieure à une année d'emprisonnement. Cette restriction est parfaitement raisonnable; mais la Cour de cassation n'avait pu l'admettre autrefois, à cause de la généralité des termes de l'art. 57, *condamné pour crime.*

II. — La seconde modification apportée à l'art. 57 par la loi de 1863 est celle qui a donné lieu aux graves difficultés que j'ai déjà annoncées. Le second terme de la récidive dans l'art. 57 était le fait d'avoir commis un délit; on a ajouté, *ou un crime qui devra n'être puni que de peines correctionnelles.* Quel est le sens de ces mots? Voilà la question; je l'examinerai sous l'art. 58 où une modification identique la soulève dans les mêmes termes.

III. — Enfin, la loi de 1863 a ajouté à l'art. 57 un paragraphe ainsi conçu : *Le condamné sera de plus mis sous la surveillance de la haute police pendant cinq ans au moins et dix ans au plus.* C'est une nouvelle aggravation jointe à l'ancienne, le maximum de la peine avec faculté de l'élever au double.

Cette disposition est une conséquence de la nouvelle rédaction qui détermine le premier terme de la récidive. Je l'ai déjà dit, il est dans l'esprit de la loi de condamner les récidivistes à la surveillance. Or, habituellement, les condamnations criminelles l'emportent à perpétuité. Quand le premier terme de l'art. 57 était une condamnation criminelle, on pouvait donc comprendre le silence de l'article sur la surveillance; mais, dès que le premier terme pouvait être une simple condamnation correctionnelle, la disposition que je commente devenait indispensable. Autrement la récidive de crime à délit aurait été moins punie que celle de délit à délit, ce qui était inadmissible. On a beaucoup discuté sur le point de savoir si cette nouvelle pénalité serait obligatoire pour le juge. Je le crois fermement, quant à moi; du reste, cette question reviendra dans un moment.

Commentaire de l'art. 58.

ART. 58. — Les coupables condamnés correctionnellement à un emprisonnement de plus d'une année seront aussi, en cas de nouveau délit ou de crime qui devra n'être puni que de peines correctionnelles, condamnés au maximum de la peine portée par la loi, et cette peine pourra être élevée jusqu'au double. Ils seront de plus mis sous la surveillance spéciale du gouvernement pendant au moins cinq années et dix ans au plus.

Cet article n'a subi qu'une seule modification : celle que j'ai déjà annoncée et qui a trait à la détermination du second terme de la récidive. La pénalité de l'ancien art. 58 n'a pas changé. De même, le premier terme de la récidive continue à être une condamnation correctionnelle à un emprisonnement de plus d'une année. Mais il faut observer ici que la modification introduite à l'art. 57 change l'interprétation que j'avais donnée sur ce point de l'art. 58. Puisque les condamnations correctionnelles pour crime sont maintenant visées par l'art. 57, évidemment les condamnations correctionnelles dont il s'agit ici ne peuvent plus être que des condamnations correctionnelles pour délit.

Ceci dit, j'arrive enfin à la question réellement délicate de la loi de 1863. D'après cette loi, le second terme de la récidive, dans les art. 57 et 58, n'est plus seulement un délit; ce peut être un délit ou un crime qui devra n'être puni que de peines correctionnelles. C'est l'interprétation de ces mots, en apparence bien simples, qui a soulevé un véritable orage dans la doctrine et la jurisprudence.

Je connais sur le sujet sept systèmes différents. Je vais d'abord les exposer, chacun avec les preuves qu'il invoque; je dirai ensuite celui que je préfère et j'essayerai de le démontrer en réfutant de mon mieux les six autres.

PREMIER SYSTÈME. — Le premier système qui se présente à nous dans l'ordre rationnel est celui de M. Bertauld. Ce système est le plus radical de tous et peut-être le plus logique; mais il me semble qu'on peut bien dire aussi qu'il est le plus inadmissible, car il ne tient aucun compte des termes de la loi nouvelle[1].

Si j'ai bien compris la pensée de l'auteur, pensée qu'il a exprimée du reste avec beaucoup de réserve, tant il en reconnaissait lui-même la hardiesse, voici quelle est en définitive sa théorie.

C'était un principe admis à peu près de tout le monde avant 1863, en jurisprudence surtout, que

[1] BERTAULD, 3e édition, p. 408 et suivantes.

les peines de la récidive, toutes les fois qu'il était le cas de les appliquer, se calculaient avant les circonstances atténuantes et même avant la diminution de peine résultant de la minorité ou des excuses. Or, nulle part, ni dans la discussion, ni dans les termes de la loi nouvelle, il n'a été dit que cette règle eût été modifiée; elle subsiste donc, et il faut l'appliquer avant tout. Il en résulte ceci, que l'hypothèse, prévue par la loi de 1863, d'un crime puni d'une peine correctionnelle et pouvant servir de second terme à la récidive, est une hypothèse impossible, qui ne se présente jamais. En effet, la récidive ne peut jamais se calculer après les causes d'atténuation, et il faut cependant l'influence d'une cause semblable pour qu'un crime soit puni d'une peine correctionnelle. Donc, les législateurs se sont trompés s'ils ont cru répondre à un besoin de la pratique : ils ont, au contraire, prévu une hypothèse impossible, et par conséquent leur loi restera lettre morte. M. Bertauld persiste en effet dans les solutions qu'il donnait avant 1863 et continue à soutenir que le second terme de la récidive dans les art. 57 et 58 est uniquement un délit. Les mots ajoutés à ces deux articles par la loi de 1863, *ou un crime qui devra n'être puni que de peines correctionnelles,* sont donc non écrits à ses yeux.

Si l'on admet la règle établie par M. Bertauld sur l'ordre des calculs, si l'on admet aussi que les dispositions des deux articles nouveaux n'ont pas pu la modifier, il faut assurément adopter son système; mais ce sont là deux concessions impossibles. Quoi que puisse dire M. Bertauld, nous sommes en présence d'une loi qui prévoit l'espèce d'un crime puni d'une peine correctionnelle servant de second terme à une récidive. Cette hypothèse existe donc, et, parce que sa présence contrarie des idées préconçues, admises même généralement si l'on veut, mais qui, en tout cas, ne sont consignées dans aucun texte, ce n'est pas un motif suffisant pour tirer un trait de plume sur la loi de 1863, sous prétexte que ses rédacteurs n'ont pas parfaitement connu le pays où ils s'aventuraient.

Deuxième Système. — Le deuxième système est soutenu par M. Labbé, qui l'a puisé dans le premier arrêt rendu sur la question, celui de la Cour d'assises de Saône-et-Loire, du 7 décembre 1863[1].

Ce système, du reste, a la même base que celui de M. Bertauld. Il n'en diffère que par un point. M. Labbé a parfaitement compris qu'on ne pouvait pas complètement effacer les art. 57 et 58, et pour leur faire une part, il leur abandonne les espèces où la peine du crime s'est correctionnalisée par l'admission d'une excuse et probablement aussi par l'effet de la minorité. Dans ces deux cas, M. Labbé calcule la récidive après l'atténuation et applique les art. 57 et 58; mais, y a-t-il eu déclaration de circonstances atténuantes, il déclare, comme M. Bertauld, que l'effet de la récidive doit se produire avant le leur ou ne pas se produire du

[1] *Revue critique*, t. XXIV, p. 208, article de M. Labbé; — Sirey, 1864, II, p. 42.

tout, et ainsi il soustrait cette hypothèse à la loi de 1863.

La restriction apportée par M. Labbé au premier système est sans doute quelque chose. J'ai déjà dit, dans la section précédente, qu'à mon avis la minorité et les excuses avaient avec le fait même du crime une liaison bien plus étroite que la circonstance de la récidive, et devaient ainsi être calculées avant elle. Aussi j'approuve complètement sur ce point sa manière d'agir ; mais je ne crois pas que le savant professeur soit allé assez loin.

L'hypothèse où la peine du crime est devenue correctionnelle par l'effet seul des circonstances atténuantes, doit, elle aussi, rentrer d'une façon ou d'une autre dans les termes des articles 57 et 58, et c'est là le point commun par où les cinq systèmes qu'il me reste à examiner se réunissent pour combattre les deux qui précèdent.

Il faut donc établir que les articles 57 et 58, quand ils parlent, pour le second terme de la récidive, d'un crime qui devra n'être puni que de peines correctionnelles, prévoient l'espèce où ce résultat a été obtenu par l'effet des circonstances atténuantes.

Ce sont les travaux préparatoires qui vont nous fournir sur ce point une démonstration éclatante.

On le sait, c'est la commission du Corps Législatif qui a introduit dans le projet la disposition que je commente en ce moment. Son rapport est donc important. Or, voici en quels termes M. de Belleyme s'est exprimé. Après avoir dit qu'en modifiant la première partie de l'art. 57, le projet avait suivi cette pensée, que la peine infligée seule doit être prise en considération en matière de récidive, il ajoute : « Puisque nous consacrons « une seconde fois ce principe, qu'en matière de « récidive ce n'est pas la poursuite, mais son « résultat, qui doit être considéré, nous avons « cru opportun d'en faire l'application à deux cas « analogues qui faisaient difficulté en jurisprudence. Ainsi, la récidive de délit à crime n'existe « pas dans l'économie de la loi ; mais, qu'après « le premier délit puni de plus d'un an d'emprisonnement, ou un premier crime qui n'aura « été puni que de peines correctionnelles, il y ait « poursuite pour un crime et que ce crime « dégénère en délit *par la peine qui lui sera « infligée*, il est évident qu'il y aura les mêmes « raisons de décider, et que, d'après notre règle, « tous ces cas ne doivent être que des variétés « de la récidive de délit à délit. Nous avons voulu « le proclamer en conformant la rédaction des « articles 57 et 58 à cette pensée. »

Les articles 57 et 58 prévoient donc tous les cas sans exception où la peine du crime dégénère en peine correctionnelle. Leurs termes ne distinguent pas entre les diverses causes de ce résultat; le rapport ne distingue pas davantage ; nous ne devons donc pas distinguer non plus, et ainsi il faut admettre comme second terme de la récidive dans nos articles les crimes dont la peine est abaissée au taux de la police correctionnelle par l'effet des circonstances atténuantes.

Si d'ailleurs il pouvait rester encore quelques doutes, voici un fragment de la discussion au Corps Législatif, qui doit les faire disparaître. M. Picard vient de rappeler que la récidive de délit à crime n'existe pas dans notre législation, puis il continue : « Mais voici que la commission, « dans son ardeur d'innover, et d'accord en cela « avec le Conseil d'État, a inventé le cas où celui « qui a commis un délit commet un crime qui ne « paraît au jury digne que d'une condamnation « correctionnelle. S'il s'agit d'un cas d'excuse ou « d'un cas exceptionnel de cette nature, en vérité « il n'est pas nécessaire de mettre dans la loi une « disposition spéciale. *Mais, ainsi que nous l'ap-* « *prennent l'exposé des motifs et le rapport, l'art. 58* « *se réfère au cas où la Cour d'assises applique les* « *circonstances atténuantes.* »

Voilà tout-à-fait la solution de la difficulté dans le sens que nous défendons ; et le commissaire du gouvernement, loin de repousser cette interprétation, vient répondre en ces termes : « M. Picard « a posé l'espèce pour laquelle, en effet, dans « ma pensée, a été faite la nouvelle disposition « de l'art. 58 ; c'est une espèce triple. » M. le commissaire passe les deux premiers cas en revue, le crime excusable et celui qui a été dépouillé des circonstances aggravantes, puis il ajoute : « Enfin, dans un troisième cas, la « qualification du fait étant maintenue, le jury « *aurait déclaré des circonstances atténuantes.* Aux « termes de l'art. 58, la récidive aura lieu, tandis « que cela aurait pu être douteux et controversé « en l'absence du texte nouveau. »

C'est peu de temps après ces paroles que les articles 57 et 58 furent votés, et maintenant je me demande comment MM. Bertauld et Labbé peuvent soutenir que l'hypothèse du crime commis avec circonstances atténuantes ne rentre pas dans les termes des articles 57 et 58.

Il m'est donc impossible d'admettre les systèmes de ces deux auteurs et il me faut choisir parmi ceux qui ont accepté comme incontestable le point de départ que je viens d'établir.

TROISIÈME SYSTÈME. — M. l'avocat général Savary a soutenu devant la Cour de cassation un système qui est pour ainsi dire la transition entre ceux qui n'admettent jamais pour second terme de la récidive, dans nos articles, un crime accompagné de circonstances atténuantes et ceux qui l'admettent toujours.

M. Savary s'appuie sur le texte même des articles : *Un crime qui devra n'être puni que de peines correctionnelles.* Devra, dit-il, n'est pas la même chose que pourra ; donc, si l'effet nécessaire des circonstances atténuantes est de faire prononcer une peine correctionnelle, on appliquera les articles 57 et 58. Sinon, si les circonstances atténuantes ont simplement donné au juge la faculté de prononcer les peines correctionnelles, nous ne sommes plus dans les termes des deux articles ; ce sont les règles anciennes qui subsisteront. Deux exemples achèveront de faire comprendre le système :

PREMIER EXEMPLE.— *Condamnation pour crime à*

une peine correctionnelle de plus d'une année, suivie d'un crime entraînant les travaux forcés à temps et admission de circonstances atténuantes. — La Cour prononcera la réclusion ou les peines de l'art. 401 avec un minimum de deux années ; mais la récidive n'exercera aucune influence. Si le crime a été puni de peines correctionnelles, il ne devait pas nécessairement l'être ; l'art. 57 ne prévoit donc pas l'hypothèse, et d'ailleurs c'était inutile ; le juge avait le droit de prononcer la réclusion ; la répression était suffisamment assurée.

DEUXIÈME EXEMPLE. — *Condamnation pour crime à un emprisonnement correctionnel de plus d'une année, suivi d'un crime comportant la réclusion avec admission des circonstances atténuantes.* — Comme les juges devront nécessairement appliquer l'art. 401, ce sera le cas des aggravations de l'art. 57, qui d'ailleurs, d'après M. Savary, resteront facultatives pour le juge.

Enfin, pour compléter ce système, un dernier principe : l'art. 56 continue à régir toutes les hypothèses que la jurisprudence lui soumettait avant la loi de 1863. Ainsi, dans l'espèce précédente, si la première condamnation avait été une condamnation à une peine criminelle, M. Savary, au lieu de calculer la récidive après les circonstances atténuantes, la calculerait avant et remonterait de la réclusion aux travaux forcés pour redescendre ensuite soit à la réclusion, soit aux peines de l'art. 401.

Je ne veux pas, pour le moment, combattre ce dernier résultat, non plus que le caractère facultatif attribué par M. Savary aux aggravations des art. 57 et 58. Ce sont deux questions que je retrouverai plus loin. Ici je ne veux m'attaquer qu'à la base même de la théorie.

Or, la distinction sur laquelle elle repose entre le crime punissable de la réclusion et celui qui encourt les travaux forcés me paraît complètement inadmissible. Le rapport au Corps Législatif et la discussion entière du projet n'en parlent pas, et cependant ç'aurait été une disposition assez remarquable pour attirer l'attention, si elle avait été dans la loi. Au contraire, tous les orateurs qui se sont succédé ne se sont jamais préoccupés que d'une chose, de la peine non pas applicable, mais réellement appliquée au crime, et toutes les fois que cette peine était une peine correctionnelle, ils ont admis les aggravations des art. 57 et 58. « Ce « qu'il faut considérer, a dit quelque part le « rapporteur, c'est le résultat..., ce n'est pas la « poursuite, ce n'est pas l'incrimination ni l'accu« sation, c'est la déclaration du jury, *c'est la « condamnation.* » Ces derniers mots, ce me semble, condamnent irrévocablement l'opinion de M. Savary.

Le texte d'ailleurs, qui est en définitive le seul argument de la théorie que je repousse, ne lui prête pas, si l'on veut y réfléchir un instant, un appui bien solide. Que veut dire l'art. 57? Uniquement ceci : qu'il faut calculer d'abord l'effet des excuses et des circonstances atténuantes, et déterminer la peine qui devra être appliquée au crime, abstraction faite de la récidive, pour procéder ensuite à l'aggravation, si l'on est arrivé à une peine correctionnelle. Or, nous supposons que les juges ont abaissé la peine des travaux forcés à l'emprisonnement correctionnel; cet emprisonnement, au moment où l'on en vient à calculer la récidive, n'est-il pas évidemment la peine qui, sans cette circonstance, *devra* être appliquée au crime? La loi est donc bien satisfaite.

QUATRIÈME SYSTÈME. — M. Faustin Hélie est l'auteur d'une quatrième opinion. Le savant magistrat admet parfaitement que les deux espèces distinguées par M. Savary sont toutes deux soumises aux articles 57 et 58; mais il fait encore une différence entre elles. Si la peine prononcée par la loi est celle des travaux forcés à temps et que, par suite, l'emprisonnement correctionnel n'ait été obtenu qu'en abaissant la peine de deux degrés, l'aggravation des art. 57 et 58 sera obligatoire pour le juge. Il devra nécessairement appliquer le maximum de l'art. 401 et prononcer la surveillance. Si, au contraire, la peine du crime était la réclusion, l'aggravation des art. 57 et 58 sera purement facultative. La Cour continuera à pouvoir abaisser la peine jusqu'au minimum de l'art. 401, sans être obligée d'ailleurs de prononcer la surveillance. Le motif unique donné par M. Faustin Hélie, c'est que, dans cette dernière espèce, l'emprisonnement ne constitue qu'une diminution de peine d'un degré. La Cour doit encore pouvoir recourir à une seconde atténuation dont elle usera pour neutraliser l'effet de la récidive.

La Cour de cassation a adopté ce système dans deux arrêts consécutifs, les deux derniers qui aient trait directement à notre question. On peut donc dire que ce système tend à devenir le système de la jurisprudence. (Cass., 26 mai 1864. — S., 1864, I, 241. — 15 septembre 1864. — S., 1865, I, p. 101.) Il a été également suivi par M. Morin. (*Journal du droit criminel*, t. XXXVI, p. 65.)

Cependant, malgré des autorités aussi respectables, je n'ose pas, pour ma part, approuver cette théorie, et voici mes raisons.

La Cour, qui descend des travaux forcés à temps à l'emprisonnement, a, d'après M. Faustin Hélie, épuisé ses pouvoirs; il ne s'agit donc plus pour elle que d'appliquer les art. 57 et 58. J'admets entièrement ce point de départ. Mais pourquoi en serait-il autrement si la Cour est descendue de la réclusion à l'emprisonnement? Parce qu'ici, a-t-on répondu, il n'y a eu qu'un seul degré d'atténuation. Mais la loi en admet-elle deux dans l'espèce?

D'après l'art. 463, 6° : « Si la peine est celle des « travaux forcés à temps, la Cour appliquera la « peine de la réclusion ou les dispositions de l'art. « 401, sans toutefois pouvoir réduire l'emprisonne-« ment au-dessous de deux ans. »

D'après le même art. 463, 7° : « Si la peine est « celle de la réclusion, de la détention, du ban-« nissement ou de la dégradation civique, la « Cour appliquera les dispositions de l'art. 401, « sans toutefois pouvoir réduire l'emprisonnement « au-dessous d'un an. » Une fois arrivée à l'emprisonnement, dans les deux cas, la Cour en est au même point; elle n'a plus le droit d'abaisser la peine; elle n'a qu'à se mouvoir entre un maximum de cinq ans et un minimum de deux ans dans un cas et d'un an dans l'autre. Elle devra donc appliquer les art. 57 et 58 tels que la loi les a faits. Sont-ils obligatoires dans le premier cas, ils le seront dans le second. Sont-ils facultatifs pour celui-ci, ils le seront aussi pour celui-là. Mais, facultatifs ou obligatoires, il faut les appliquer tels qu'ils sont, de la même manière dans les deux espèces, parce que dans toutes deux la Cour a épuisé ses pouvoirs, et qu'ainsi ni dans l'une ni dans l'autre elle ne peut recourir à eux pour modifier les effets imprimés par la loi à la récidive.

Au point où nous arrivons, la question s'est déjà simplifiée de beaucoup. Il n'y a plus, on le voit, qu'une question à décider : l'aggravation des art. 57 et 58 est-elle facultative ou obligatoire?

Cinquième Système. — Le cinquième système que je rencontre sur ma route soutient que l'aggravation des art. 57 et 58 est simplement facultative dans les deux cas où l'admission des circonstances atténuantes a fait abaisser à l'emprisonnement la peine due au crime. Si donc la peine était les travaux forcés à temps, la Cour pourra appliquer la réclusion ou l'emprisonnement de dix à deux ans. Si elle était la réclusion, la Cour descendra nécessairement à l'emprisonnement et elle pourra se mouvoir entre un maximum de dix ans et un minimum d'une année. Dans les deux cas, la surveillance de cinq ans à dix ans sera facultative pour le juge.

Ce système est défendu par MM. Bazot, Ferdinand Jacques et Dutruc[1]. Il repose d'ailleurs sur un seul argument, les travaux préparatoires, ou, pour être plus exact, la discussion qui s'est élevée au Corps Législatif entre MM. Picard et Lacaze.

Or, voici ce qui s'est passé au Corps Législatif, et le lecteur, je l'espère, conclura comme moi que les paroles qui ont été prononcées ne sont pas une base suffisante pour le système que j'expose.

Un député, M. Aymé, demande pourquoi la peine de la surveillance dans l'art. 57, purement facultative dans le rapport de la commission, est devenue obligatoire dans le projet définitif. M. Aymé reconnaît donc que l'art. 57 est obligatoire, puisqu'il vient combattre ce caractère.

Le commissaire du gouvernement, M. Lacaze, se lève alors et explique que l'opinion émise par la commission sur le caractère facultatif de la surveillance était une erreur qui n'a pas été acceptée au Conseil d'État, parce que la surveillance, obligée dans l'art. 58, ne pouvait être facultative dans l'art. 57. C'est là un aveu important à noter : les art. 57 et 58 sont obligatoires. Mais, voici ce que M. Lacaze ajoute et sur quoi s'appuie l'opinion que je repousse : « Le conseil d'État pense que « lorsqu'un individu est condamné en état de « récidive, soit devant une Cour d'assises, soit « devant un Tribunal correctionnel, la déclaration

[1] Bazot, *De la Récidive*, p. 10, etc. — Ferd. Jacques, *Revue pratique*, t. XVII, p. 55. — Dutruc, *Journal du Ministère public*, t. VII, p. 253, etc.

« des circonstances atténuantes a cette puissance « de donner au juge la liberté de faire disparaître « toute l'aggravation résultant du cas de récidive. « Voilà l'opinion du Conseil d'État. J'ajoute que « c'est la disposition formelle et expresse de la « loi. Il est impossible, en effet, de conserver un « doute à cet égard en présence des termes si « énergiques de l'art. 463, *même en cas de récidive.* »

L'opinion prêtée par M. Lacaze au Conseil d'État se résume donc à ceci : les art. 57 et 58 sont obligatoires ; mais les principes généraux sur les circonstances atténuantes permettent au juge, quand elles sont admises, de neutraliser l'effet de la récidive. Ce qui le prouve, ce sont les termes de l'art. 463, *même en cas de récidive.*

Ce raisonnement repose sur une confusion évidente entre deux hypothèses bien diverses. M. Lacaze suppose une condamnation pour récidive soit devant une Cour d'assises, soit devant un Tribunal correctionnel; dans le dernier cas, je suis de son avis, c'est pour cette espèce que l'art. 463 permet l'atténuation même en cas de récidive; mais pour le premier, si du moins la Cour d'assises agit comme Tribunal criminel, y a-t-il rien de semblable? On peut relire les §§ 6 et 7 de l'art. 463 qui prévoient le cas : La Cour, disent-ils, appliquera la réclusion ou les dispositions de l'art. 401, avec un minimum de deux années d'emprisonnement; — la Cour appliquera l'art. 401 avec un minimum d'une année; — mais, ajoutent-ils, *même en cas de récidive?* Les deux paragraphes sont muets sur ce point; ils ne s'occupent pas de la récidive;

ils supposent, au contraire, qu'elle n'existe pas, et si elle se présente, ce sont les art. 57 et 58 qu'il faudra appliquer avec le caractère obligatoire que M. Lacaze lui-même leur a reconnu.

M. Lacaze, en disant au Corps Législatif que les principes généraux sur les circonstances atténuantes permettaient aux Cours d'assises d'annihiler l'effet obligatoire des art. 57 et 58, a donc, je le crois, commis une erreur; mais ce n'est pas cette erreur qui peut être la base d'un système.

Les paroles de M. Lacaze, d'ailleurs, ne paraissent pas avoir exercé une grande influence sur l'esprit de personne. Quelques minutes après, M. Picard reproduit l'objection de M. Aymé et demande pourquoi les peines de la récidive seront encourues, puisque, dans l'espèce prévue par le texte, les circonstances atténuantes sont admissibles. Évidemment pour M. Picard lui aussi, les peines de la récidive étaient obligatoires.

C'est encore M. Lacaze qui répond, et il le fait en ces termes : « M. Ernest Picard demande si, le « jury ayant déclaré l'existence des circonstances « atténuantes et la Cour n'ayant prononcé que « des peines correctionnelles, dans la situation « de récidive, la Cour peut encore, par une sorte « de prolongement indéfini des circonstances at« ténuantes, affranchir de la surveillance. Lorsque « la Cour, par suite de la déclaration des cir« constances atténuantes par le jury, au lieu d'une « peine afflictive et infamante, n'a appliqué qu'une « peine correctionnelle, l'effet de cette déclaration « des circonstances atténuantes est épuisé. La loi

« a mesuré l'effet de cette déclaration ; elle l'a « mesuré dans l'art. 401. Dans les deux autres « cas, s'il y a déclaration d'un cas d'excuse, et « surtout s'il y a négation de circonstances aggra- « vantes, alors, le caractère des faits changeant, « si le jury n'a pas déclaré les circonstances « atténuantes, la Cour reprend le droit de les « déclarer au même titre qu'un Tribunal correc- « tionnel aurait pu le faire si l'individu avait été « traduit devant un Tribunal correctionnel, et dans « ce cas, elle pourra décharger le prévenu de la « surveillance. Mon avis est que, lorsque l'on a « appliqué le bénéfice des circonstances atténuan- « tes à une peine correctionnelle (c'est-à-dire, « quand on a appliqué ce bénéfice à changer une « peine criminelle en peine correctionnelle), l'effet « de ces circonstances est épuisé. » Il ne me reste plus qu'à tirer la conclusion : l'effet des circonstances atténuantes est épuisé ; on appliquera donc les art. 57 et 58 avec le caractère obligatoire que tout le monde leur reconnait.

Malheureusement, un collègue de M. Lacaze vient lui dire qu'il a commis une erreur, et M. Lacaze se reprend : « Je me trompais dans l'opinion que je vous « exprimais tout à l'heure, et mon erreur m'est « signalée par un honorable collègue à qui ces « textes sont plus familiers qu'à moi. Oui, et cela « vous satisfera sans doute plus que ma première « solution, oui, quand le jury a déclaré l'existence « des circonstances atténuantes, la Cour, sans « avoir besoin d'ajouter une rallonge à cette « déclaration, peut affranchir de la surveillance

« de la haute police. Et pourquoi? En vertu d'un « texte que j'ai déjà cité, celui qui dit que, dans « le cas de circonstances atténuantes, la Cour « appliquera les dispositions de l'art. 401. »

C'est la même erreur que celle prêtée tout-à-l'heure au Conseil d'État, et je fais la même réponse : Sans doute, au cas de circonstances atténuantes, la Cour peut appliquer l'art. 401, mais l'art. 463 ne l'autorise pas à le faire, même en cas de récidive. Dans ce cas, ce sont les articles 57 et 58 seuls qu'il faut appliquer et vous avez reconnu avec tout le monde qu'ils étaient obligatoires.

Cette discussion peut se résumer de la manière suivante :

1° Les art. 57 et 58 sont obligatoires ; MM. Aymé et Picard ont combattu ce principe ; mais personne n'a nié son existence.

2° Les principes généraux permettent à la Cour de neutraliser l'effet de cette règle au cas d'admission de circonstances atténuantes. En effet, d'après l'art. 463, la Cour peut appliquer les peines de l'art. 401, et le même art. 463 emploie des termes formels, *même en cas de récidive*.

Mais, ce second principe est complètement erroné. L'art. 463 ne donne un pouvoir d'atténuation *même en cas de récidive* qu'au juge correctionnel. L'art. 463 ne prévoit pas le cas où la Cour d'assises aura, comme juge criminel, à statuer sur une récidive. Il l'autorise en général, quand la peine du crime n'est pas au-dessus des travaux forcés à temps, à descendre jusqu'aux peines de l'art. 401 ; mais en descendant à cette limite, elle épuise tous ses pouvoirs ; et si elle reconnait alors un récidiviste dans l'homme qu'elle condamne, elle n'a plus qu'un droit et un devoir, celui de lui appliquer l'aggravation nécessaire établie par les articles 57 et 58.

Il est possible enfin que ce résultat n'ait pas été présent à l'esprit de tous les législateurs au moment du vote ; j'admets même, si l'on veut, qu'ils croyaient, avec le collègue de M. Lacaze, à un résultat opposé ; mais il est certain qu'ils n'ont pas entendu modifier les principes, et il est plus certain encore qu'il n'ont pas écrit un mot capable de les modifier. Il est donc interdit au commentateur d'abandonner ces principes ; il doit les appliquer suivant les règles que la raison lui impose, et il ne peut pas admettre des conséquences plus ou moins illogiques, sous prétexte qu'elles ont été présentées comme nécessaires par quelques orateurs.

Sixième Système. — Le sixième système adopte pleinement l'argumentation que je viens de présenter. M. Pellerin, son auteur, pense comme nous que les articles 57 et 58 s'appliquent d'une façon nécessaire à tous les cas où la peine du crime est devenue une peine correctionnelle, sans que d'ailleurs la Cour d'assises puisse trouver, dans les circonstances atténuantes déclarées par le jury, le droit d'écarter la surveillance ou d'abaisser l'emprisonnement au-dessous du maximum fixé par ces deux articles [1]. Aux considérations que j'ai fait valoir, M. Pellerin en ajoute une dernière qui ne manque pas de force par elle-même, et qu'il présente d'ailleurs avec une énergie peu commune : « Il faut admettre avant « tout, dit-il, que le législateur s'est compris « lui-même, et qu'il a voulu faire, qu'il a fait « quelque chose de sérieux. Eh bien ! si l'opinion « précédente est vraie (celle qui n'admet pas que « le juge criminel soit obligé en principe d'appli- « quer les peines aggravées des articles 57 et 58), « il devient évident que la Commission, le Conseil « d'État, le Corps Législatif, n'ont nullement « compris la disposition nouvelle qu'ils introdui- « saient dans les articles 57 et 58, qu'ils ont rédigé « une loi à peu près inintelligible, dans presque « tous les cas inutile, impraticable.

« Le législateur dit aux tribunaux dans les « articles 57 et 58 : *Si un crime doit être puni de « peines correctionnelles par suite de l'admission des « circonstances atténuantes, vous n'abaisserez jamais « les peines au-dessous de leur maximum.* Puis il « ajoute implicitement dans l'art. 463 : *Vous vous « garderez bien de prendre au sérieux cette défense; « comme il y aura toujours en pareil cas des cir- « constances atténuantes, vous continuerez comme « par le passé à pouvoir descendre jusqu'au minimum « de deux ans ou d'un an d'emprisonnement.* — « Évidemment, conclut M. Pellerin, cette situa- « tion est absurde. »

[1] PELLERIN, *Commentaire de la loi du 18 avril, 13 mai 1863*, p. 284, etc.

Elle est tout au moins singulière. La modification annoncée comme si importante se résumerait en définitive à élever à dix ans, à l'égard des récidivistes, un maximum fixé à cinq ans pour ceux qui ne le sont pas, et cela, remarquons-le en passant, dans une loi qui a eu pour but avoué de restreindre les pouvoirs accordés aux tribunaux par la loi de 1832.

Si M. Pellerin s'était borné à proclamer le principe que nous venons de démontrer avec lui, je n'aurais pas à constater une nouvelle dissidence; mais ce magistrat est allé plus loin et il a mis à sa théorie une sorte de rallonge, selon l'expression de M. Lacaze, que, pour ma part je repousse.

M. Pellerin admet donc en principe la nécessité pour les magistrats de se conformer aux articles 57 et 58; mais il pense qu'à leur tour ils auront le droit d'admettre aussi des circonstances atténuantes et de descendre alors au minimum de deux ans dans un cas et d'un an dans un autre. Cette restriction est proposée par M. Pellerin afin de satisfaire dans une certaine mesure l'opinion émise par les orateurs du Corps Législatif, sur le caractère facultatif de la surveillance. C'est une sorte de transaction entre le respect qui est dû aux principes et celui que méritent les législateurs. « Nous ne pourrons jamais « admettre, dit-il, que des législateurs sérieux, « de profonds jurisconsultes, des magistrats aussi « éminents qu'expérimentés, aient introduit dans « la législation une disposition nouvelle, inappli- « cable ou contraire à toutes leurs idées. Toute

« interprétation, si bien motivée qu'elle paraisse, « qui nous conduira à l'un ou à l'autre de ces « résultats, sera toujours erronée à nos yeux. « L'admettre, ce serait manquer de respect à la « loi, aux savants jurisconsultes qui l'ont délibé- « rée. Nous combattrons ces deux systèmes par « tous les moyens possibles ; par tous les moyens « possibles, nous chercherons à trouver dans la « loi nouvelle quelque chose de sérieux, de pra- « tique, d'applicable. » C'est donc pour satisfaire à ce but de conciliation que M. Pellerin a proposé l'opinion que je discute.

J'admets volontiers avec M. Morin que cette opinion est des plus ingénieuses ; elle a été d'ailleurs admirablement présentée ; mais cependant elle n'a pas fait école et en effet je ne la crois pas juridique. Le motif en est simple. On peut bien admettre une fois des circonstances atténuantes pour un crime, mais deux fois, c'est beaucoup trop.

Il me faudrait un texte bien formel pour admettre une semblable opinion, et M. Pellerin ne peut nous en apporter aucun. Je n'hésite pas à le dire, de tous les systèmes imaginés sur nos articles, celui-ci me paraît le plus inadmissible de tous.

Septième Système. — Il reste donc un septième et dernier système que j'adopte entièrement pour ma part.

J'applique les aggravations des art. 57 et 58 à tous les cas où le fait restant un crime, la peine est devenue correctionnelle, et je ne pense pas que la

Cour d'assises ait le droit de modifier en rien les peines de ces deux articles.

Ce système a paru à tout le monde avoir été adopté par la Cour de cassation dans son premier arrêt du 26 mars 1864[1]. L'arrêt déclare d'abord que la disposition de l'art. 58 comprend tous les cas où le fait qualifié crime devient passible de peines correctionnelles; puis il se demande quel a été le but de la loi nouvelle, et il le trouve dans cette idée que, pour atteindre les récidives en question jusque-là impunies, on a voulu fixer une limite où l'atténuation devrait s'arrêter. Or, cette limite n'existe pas dans le cas où la peine du crime est la réclusion, si l'on admet le système de M. Faustin Hélie. Il me paraît donc évident que la Cour de cassation, en adoptant dans deux arrêts postérieurs la théorie du savant magistrat, a modifié la jurisprudence inaugurée par l'arrêt que je rapporte et l'a modifiée dans un sens malheureux, d'après moi.

En tout cas, je puis assurément invoquer l'arrêt de la Cour d'assises de l'Ille-et-Vilaine, à qui la Cour suprême avait renvoyé, après cassation, l'affaire qui précède. La Cour d'assises déclare formellement, d'une part, « que la disposition de l'art. 58 est « précise et impérative; » et de l'autre, « que « l'article ne distingue pas entre les divers cas où, « d'après la déclaration du jury, le crime qui a « donné lieu à la seconde poursuite est nécessai- « rement ou facultativement pour la Cour puni de

[1] SIREY, 1864, I, 140.

« peines correctionnelles. » On le voit, c'est entièrement la théorie que j'ai défendue.

Je n'insisterai pas davantage sur la démonstration directe de mon système. Elle ressort amplement des observations que j'ai présentées pour écarter les autres théories; je n'ai plus maintenant qu'à repousser quelques objections.

1° La première objection se formule en ces termes : Le crime puni de peines correctionnelles est, en définitive, un délit. Or, pour les délits, les tribunaux peuvent toujours ne pas appliquer les peines de la récidive; pourquoi en serait-il autrement à l'égard des crimes-délits? — La réponse me paraît facile. Le crime-délit est assimilé à un délit, je l'admets, mais à un délit sans circonstances atténuantes; les peines prononcées sont, en effet, celles du vol simple. (Art. 401.) Or, pour les délits eux-mêmes, l'aggravation n'est-elle pas nécessaire dans ce cas? Est-ce qu'un tribunal correctionnel pourrait, sans admettre des circonstances atténuantes, se soustraire au maximum de l'art. 58? Assurément non. L'assimilation entre le crime-délit et le délit est donc parfaitement respectée dans mon système, bien mieux même que par l'objection que je repousse. Celle-ci, en effet, conduit à traiter le crime-délit plus favorablement que le délit qui lui correspond. Je ne parle pas, en effet, du délit pour lequel le tribunal admet des circonstances atténuantes. La logique exige qu'entre le crime atténué et le délit atténué on conserve une distance comme entre le crime et le délit, et c'est cette distance que méconnait notre objection, sinon entièrement, puisqu'elle n'admet pas un minimum au-dessous de celui de l'art. 401, au moins en partie, puisqu'elle tend à punir le crime atténué moins que le délit simple de l'art. 401.

Du reste, quand l'application de peines correctionnelles au crime ne sera pas l'effet de circonstances atténuantes admises en sa faveur, le Jury ou la Cour, suivant les cas, pourront encore en admettre, et alors le crime deux fois atténué se trouvera assimilé au délit atténué et les peines de la récidive seront facultatives pour l'un et pour l'autre.

Mon système ne s'applique donc dans toute sa rigueur qu'aux crimes dont la peine a été correctionnalisée par l'effet des circonstances atténuantes, et pour eux, je crois, c'est justice. On ne peut pas admettre deux fois des circonstances atténuantes en faveur des mêmes faits. La première atténuation les a abaissés au rang des délits de l'art. 401, non atténués, et cette assimilation est irrévocable. Il serait donc illogique, il serait même injuste de les traiter plus favorablement. En conséquence, s'ils sont commis en récidive, le minimum sera pour les uns comme pour les autres le maximum de l'art. 401, et le maximum sera élevé au double. La surveillance de la haute police deviendra de plus obligatoire, de facultative qu'elle était.

2° M. Savary a proposé en ces termes la seconde objection : « Supposez, dit-il, un individu déjà « condamné pour crime à une peine afflictive ou « infamante et qui se rend coupable d'un vol domes-

« tique; le jury a admis en sa faveur des circon-
« stances atténuantes, son sort est réglé par les
« art. 56 et 463 combinés ; la Cour d'assises peut
« prononcer contre lui la peine de la réclusion,
« mais elle peut aussi appliquer l'art. 401 et fixer
« la peine dans les limites du minimum au maxi-
« mum, pourvu qu'elle ne la fasse pas descendre
« au-dessous de deux années. Si ce même accusé,
« au lieu d'être en état de récidive pour un crime
« précédent (j'ajoute puni d'une peine criminelle),
« n'est en état de récidive que pour avoir commis un
« premier délit (ou un crime puni d'une peine
« correctionnelle), la disposition impérative de
« l'art. 58 (ou de l'art. 57) oblige la Cour à prononcer
« contre lui au moins cinq années d'emprisonne-
« ment et cinq années de surveillance. C'est là un
« résultat monstrueux et qui suffit pour condamner
« l'interprétation qui le produit. »

M. Savary conclut de là que l'aggravation des art. 57 et 58 doit être facultative, au moins quand la peine du crime était la réclusion. Il ne veut pas accepter un minimum plus élevé dans le cas où le premier terme de la récidive est une condamnation correctionnelle pour crime ou pour délit, que dans celui où elle est une condamnation criminelle. Et en effet, si l'on admet le point de départ de M. Savary, la conséquence est très raisonnable. Voici ce point de départ : Quand le premier terme de la récidive est une condamnation à une peine criminelle, quoique le second soit un crime avec admission de circonstances atténuantes conduisant à une peine correctionnelle, il faut toujours appliquer l'art. 56, c'est-à-dire calculer la récidive avant les circonstances atténuantes. Si, au contraire, le second terme restant le même, le premier n'est plus qu'une condamnation correctionnelle même pour crime, alors il faut bien appliquer les art. 57 et 58 et calculer la récidive après les circonstances atténuantes. L'ordre du calcul est donc déterminé par la nature du premier terme de la récidive.

C'est là, je l'avoue, ce qui me paraît complètement illogique, et pour ma part, je repousse cette manière de procéder. Dans l'espèce citée par M. Savary, ce n'est pas l'art. 56 que j'appliquerai, mais bien l'art. 57 avec son caractère obligatoire, et ainsi j'évite la différence réellement inadmissible que ce savant magistrat reproche à mon système.

Mais, me répond-il, il n'est pas permis de modifier par induction des lois pénales, et l'argumentation que vous proposez soustrait à l'art. 56 des hypothèses qu'il a toujours régies, alors que la loi de 1863 n'a pas touché à cet article.

Je reconnais que la loi de 1863 n'a pas modifié les termes de l'art. 56. Si l'on admet notre système sur la loi de 1832, elle ne l'aurait pas non plus modifié dans son esprit. Mais, en accordant même à l'objection que jusqu'en 1863 l'hypothèse prévue par elle a été soumise à l'art. 56, on peut soutenir que cette loi la lui a soustraite pour la confier à l'art. 57. Ce n'est pas, du reste, une modification par induction que j'invoque, c'est une modification directe, la prévision textuelle de l'espèce par le nouvel art. 57. Quel est le premier terme de la récidive dans l'hypothèse? Une condamnation à une peine afflictive ou infamante; évidemment, c'est une condamnation pour crime; donc, nous sommes à la fois dans l'espèce de l'art. 56 et dans celle de l'art. 57. Quel est maintenant le second terme? Un fait qui devra être puni d'une peine criminelle si on calcule la récidive avant les circonstances atténuantes, un fait qui devra être puni d'une peine correctionnelle si on la calcule après. C'est donc l'ordre du calcul qui détermine le choix entre l'art. 56 et l'art. 57. Or, si le premier terme avait été une condamnation pour crime à une peine correctionnelle, l'art. 57, M. Savary lui-même le reconnait, exigerait que ce calcul de la récidive eût lieu après celui des circonstances atténuantes. Pourquoi en serait-il autrement si la première condamnation pour crime a été une condamnation criminelle? Quelle influence raisonnable la nature de cette première peine peut-elle exercer sur l'ordre des calculs dans l'application de la seconde? Aucun texte n'exige cette différence; loin de là : la condamnation criminelle, elle aussi, est une condamnation pour crime, et rentre ainsi dans les termes de l'art. 57, qui exige formellement le calcul des circonstances atténuantes avant celui de la récidive. On peut donc le dire, l'art. 57 prévoit toutes les hypothèses où la peine du fait commis en récidive peut devenir une peine correctionnelle, quel que soit le premier terme, et il s'applique à toutes avec le caractère de rigueur rationnelle que nous lui avons reconnu. Le système contraire repose sur une distinction entièrement arbitraire;

il n'invoque d'ailleurs aucun texte qui l'impose à notre intelligence; nous avons donc le droit et le devoir de le repousser.

J'ai le regret de le dire en terminant, ce système a néanmoins été admis par la Cour de cassation dans un arrêt récent du 24 janvier 1867. Elle a jugé qu'après une condamnation criminelle, si le second fait emportait la réclusion, il fallait d'abord remonter aux travaux forcés, pour redescendre soit à la réclusion soit aux peines de l'art. 401, et non pas descendre immédiatement à ces peines pour les aggraver ensuite conformément à l'art. 57. (S., 1867, 1, 305.) Je pense même que ce sont ses idées sur ce point qui ont amené peu à peu la Cour suprême à décider avec M. Faustin Hélie que dans le cas de crime punissable de la réclusion, commis en récidive d'une condamnation correctionnelle, l'admission des circonstances atténuantes permettait à la Cour d'assises de ne tenir aucun compte des art. 57 et 58. Mais, malgré mon respect pour de telles autorités, il m'est impossible de me ranger à leur avis et j'ai, je crois, suffisamment insisté sur mes motifs.

3° La dernière objection que je rencontre sur ma route est enfin celle qui empêche MM. Bertauld et Labbé d'adopter le système que j'ai défendu. Avec lui, en effet, il est nécessaire, dans les art. 57 et 58, de calculer la récidive après les circonstances atténuantes. Or, disent ces auteurs, il n'est pas possible que notre Code admette tantôt un ordre de calcul, tantôt un autre; ce serait un arbitraire ridicule, incompatible avec les principes scientifiques qui sont la base de toutes les règles du droit. De là, les deux savants professeurs concluent qu'il faut admettre une règle absolue, et calculer toujours la récidive ou avant ou après les circonstances atténuantes. Ils préfèrent, du reste, la première manière de procéder, parce qu'elle leur paraît plus rationnelle, qu'elle était admise avant 1863 et que les législateurs, ayant gardé le silence à son égard, ne leur paraissent pas avoir voulu la changer. C'est là le motif unique sur lequel ils s'appuient pour effacer d'un trait de plume les dispositions nouvelles des art. 57 et 58.

Je l'avoue cependant, le caractère éminemment logique de cette théorie m'a singulièrement touché. Moi non plus, je ne puis admettre que le juge ait le droit de commencer le calcul pénal tantôt par un bout, tantôt par l'autre, sans qu'aucune différence raisonnable entre les espèces détermine le changement de méthode. Mais si j'accepte le point de départ de MM. Bertauld et Labbé, ce n'est pas à dire que j'admette leur résultat. — Il faut calculer la récidive avant tout, disent ces auteurs; c'est, avant 1863, un principe de droit commun; or, la loi nouvelle n'indique pas qu'elle ait voulu changer cette règle dans tous les cas; donc, elle ne l'a changée dans aucun. — La loi de 1863, dirai-je au contraire, a décidé formellement, dans un certain nombre d'hypothèses, que la récidive devrait se calculer après les autres circonstances; j'ai établi ce point trop longuement peut-être, mais enfin je l'ai établi, je crois, d'une façon indubitable; donc, en vertu du principe d'unité nécessaire que vous êtes les premiers à invoquer, il faut maintenant généraliser cette règle, et, pour ma part, je crois en effet qu'elle s'applique à toutes les espèces.

La solution que je propose sur ce point complète ma théorie de la récidive et lui donne le caractère logique que présente l'opinion de MM. Bertauld et Labbé, et auquel les autres systèmes ne pouvaient guère prétendre jusqu'ici.

Mais, va-t-on sans doute m'objecter, cette opinion absolue sur l'ordre des calculs est irrationnelle, et surtout il faut remarquer qu'avant 1863 personne ne l'admettait et que la discussion de la loi nouvelle n'indique nulle part une modification sur ce point de l'état de choses admis.

J'ai déjà répondu à ces deux objections dans la section précédente, et je me contente de rappeler ici mes réponses. Il est irrationnel, dit-on, de calculer les circonstances atténuantes avant la récidive. — Oui, quand le jury, en les accordant, a usé d'une sorte de droit de grâce; — non, au contraire, si elles ont été puisées dans les éléments du fait, parce qu'alors elles sont liées à lui bien plus intimement que la récidive. — D'ailleurs, l'ordre de calcul inverse n'est pas non plus irréprochable; rationnel, quand le mien ne l'est pas, il perd ce caractère à mesure que son rival le gagne. Les deux manières de procéder ont donc du bon et du mauvais, et il n'y a guère de motif vraiment rationnel de choisir entre l'une et l'autre. Celle que j'ai proposée a cependant cet avantage, qu'elle est plus conforme à la division des juridictions, parce qu'alors la récidive, dont la constatation appartient à la Cour seule, passe après toutes les circonstances sur lesquelles le jury a eu à prononcer.

En second lieu, dit-on, avant 1863 tout le monde admettait que le calcul de la récidive avait lieu avant celui des circonstances atténuantes ; il faudrait donc une décision précise de la loi nouvelle pour changer le système. J'ai déjà répondu aussi que si mon opinion était condamnée sous l'empire du code de 1832, c'était par les commentateurs ; ce n'était pas par la loi. Les articles qu'on invoquait étaient complètement étrangers à la question, et dès lors il n'y a pas besoin d'un texte nouveau pour détruire des textes qui n'ont jamais existé. — Du reste, et c'est aussi une remarque que j'ai déjà faite, si l'on demande un texte, il y en a un, il y en a même deux. Ce sont les articles 57 et 58 qui admettent clairement mon système. Il a donc pris place dans le Code, au moins dans deux hypothèses sur trois. Il n'est donc pas tellement contraire aux principes de notre droit qu'on veut le dire, et je ne comprends pas pourquoi on s'obstine à lui refuser droit de cité dans la troisième hypothèse, alors que son admission suffirait à apaiser tous les orages soulevés autour des questions qui nous occupent.

Si, en effet, on veut ramener à une idée générale quelconque la théorie des récidives, si l'on ne veut pas en faire un véritable labyrinthe où le juge n'aura pour se guider que des textes isolés, jetés çà et là comme par hasard, il faut, avant tout, prendre parti sur cette question de l'ordre à suivre dans le calcul de la récidive, il faut, dis-je, choisir entre l'opinion de M. Bertauld et la nôtre, et une fois qu'on aura adopté l'une ou l'autre, il faut la maintenir jusqu'au bout. Dans les deux cas, on aura le mérite d'être logique; mais, avec notre système seulement, il sera possible d'appliquer les textes de la loi suivant leurs termes exprès, et suivant la signification que la volonté évidente des législateurs leur a imprimée.

Il y a cependant, à mon système, une dernière objection qui ne lui a jamais été faite, il est vrai, mais que je tiens à prévoir. Elle ressort de l'avant-dernier paragraphe de l'art. 463 nouveau : « Si la peine prononcée par la loi, soit à raison « de la nature du délit, *soit à raison de l'état de « récidive du prévenu*, est un emprisonnement « dont le minimum ne soit pas inférieur à un « an, etc..., les tribunaux pourront réduire l'em- « prisonnement jusqu'à six jours, etc. » Donc pourrait-on dire, dans l'espèce, le juge correctionnel doit tenir compte de la récidive avant d'appliquer les circonstances atténuantes; donc, elles ne doivent pas toujours passer dans le calcul pénal avant la récidive. Je ne veux pas nier, pour ma part, que cette observation n'ait une certaine force; il est impossible sur notre sujet de trouver un système qui réponde à tout. Voici cependant ce qu'on peut dire : Le paragraphe précédent vient de proclamer que, même en cas de récidive, les circonstances atténuantes donneront au juge correctionnel un pouvoir d'atténuation indéfini ; la récidive a donc perdu dans notre espèce son caractère de cause nécessaire d'aggravation, et quand le paragraphe que j'ai cité s'en occupe, elle n'est plus qu'une limite apportée par la loi au pouvoir d'atténuation du juge. Or, par la force des choses, quand on veut faire respecter une limite, il faut commencer par l'indiquer. Le juge correctionnel, en présence d'un récidiviste à qui il veut accorder des circonstances atténuantes, devra donc se demander d'abord si l'aggravation de l'art. 58 élève la peine du coupable au-dessus d'un an d'emprisonnement ou de cinq cents francs d'amende, ou si elle la laisse en dessous. Selon qu'il se trouvera dans la première ou dans la seconde hypothèse, il appliquera ensuite ou l'avant-dernier ou le dernier paragraphe de l'art. 463. Mais ceci ne fait pas obstacle à ma règle. Sans doute, la récidive n'est pas calculée ici après les circonstances atténuantes ; c'est matériellement impossible ; mais il est aussi inexact de dire qu'elle est calculée avant ; elle n'est pas calculée du tout. C'est une hypothèse à part qui demeure en quelque sorte en dehors de la théorie générale.

La théorie radicale que j'ai défendue, on se le rappelle, je l'avais déjà défendue sous l'empire de la loi de 1832. Dans ce système, la loi de 1863 n'aurait donc pas, à vrai dire, introduit sur ce point de disposition nouvelle ; elle n'aurait fait que trancher une controverse. Quoi qu'il en soit, il faut reconnaître qu'avant 1863, si je marchais d'accord avec quelques jurisconsultes sur le sens des articles 57 et 58, j'étais au contraire complètement isolé dans l'application à l'art. 56 de ma règle sur le calcul des récidives. Depuis 1863, ce système a été admis par la Cour d'assises de l'Yonne, dans un arrêt cassé, il faut le dire, par la Cour suprême. (Cass., 5 avril 1866. — S., 1867, t. I, 48.) Il s'agissait d'un accusé condamné antérieurement à six années de réclusion, qui avait commis un second crime punissable des travaux forcés à temps. Le jury avait admis des circonstances atténuantes. La Cour d'assises a commencé par tenir compte de cette déclaration pour descendre à la réclusion et elle est remontée, en vertu de l'article 56, aux travaux forcés, qu'elle a appliqués pendant dix ans. La Cour de cassation a pensé, au contraire, qu'il aurait fallu remonter d'abord au maximum des travaux forcés pour redescendre soit au minimum de cinq ans, soit à la réclusion, et en conséquence elle a cassé l'arrêt qui lui était déféré.

Voilà, en définitive, l'état de la question. J'ai exposé de mon mieux tous les systèmes et tous les arguments ; j'ai dit aussi quel était l'avis qui me paraissait le meilleur. Les difficultés, en effet, sont loin d'être tranchées et j'ai cru qu'il m'était permis de mettre en avant un principe qui, selon moi, en dénouait un grand nombre. Je ne sais si mes efforts auront été assez heureux pour apporter quelque lumière sur une discussion aussi obscure. Puissé-je du moins n'avoir jamais oublié la modération dont personne moins que moi n'a le droit de s'écarter.

Je vais maintenant, dans un dernier paragraphe, passer en revue les neuf hypothèses déjà examinées sous l'empire de la loi de 1832. Je me bornerai à exposer sur chacune le système de la jurisprudence et le mien, sans rentrer du reste dans une discussion déjà trop longue. Cet examen n'aura d'autres proportions que celles d'un résumé pratique.

§ 2. — Examen des neuf hypothèses qui se présentent en matière de récidive de crimes et de délits.

I. — *Récidive de crime puni d'une peine criminelle à crime puni également d'une peine criminelle.*

Tout le monde applique l'art. 56; seulement la jurisprudence l'applique en calculant la récidive avant les causes d'atténuation; je l'applique, au contraire, en la calculant après. Les résultats pratiques de cette différence sont très importants. Ainsi, dans notre espèce, dès que le second terme est un crime, la jurisprudence applique toujours l'art. 56, quoique le résultat final des atténuations conduise à une peine correctionnelle. Dans mon système, au contraire, je commence par laisser les juges user de l'atténuation qu'ils jugent convenable, et je n'applique l'art. 56 que si la peine ainsi obtenue est encore une peine criminelle.

II. — *Récidive de crime puni d'une peine criminelle à crime puni d'une peine correctionnelle.*

Dans le système de la jurisprudence, d'après les explications que j'ai données sur l'hypothèse qui précède, cette espèce est impossible. Quand la peine du crime arrive à l'emprisonnement, l'aggravation a déjà été calculée une fois, et on ne peut pas la calculer une seconde.

Dans mon système, au contraire, l'hypothèse se présente, et je lui applique l'art. 57 avec son caractère obligatoire.

III. — *Récidive de crime puni d'une peine criminelle à délit.*

Dans tous les systèmes, on applique l'art. 57; on reconnaît aussi qu'il est obligatoire pour le juge, sauf le droit pour lui de déclarer des circonstances atténuantes, auquel cas il doit se conformer aux règles et aux distinctions établies par les derniers paragraphes du nouvel art. 463.

IV. — *Récidive de crime puni d'une peine correctionnelle à crime puni d'une peine criminelle.*

Sans aucune controverse, depuis la loi de 1863 comme avant, cette espèce de récidive n'est pas prévue par la loi et n'entraîne aucune aggravation.

V. — *Récidive de crime puni d'une peine correctionnelle à crime puni également d'une peine correctionnelle.*

Avant la loi de 1863, un certain nombre d'auteurs ne voyaient là aucune récidive; dans l'opinion que j'ai défendue, on appliquait l'art. 58. M. Molinier, enfin, appliquait l'art. 57.

Cette dernière solution est aujourd'hui la seule vraie; mais c'est une des deux espèces qui m'ont arrêté si longtemps, grâce aux controverses qu'elles ont soulevées.

Les derniers arrêts de la Cour de cassation s'accordent ici avec nous pour calculer la récidive après les circonstances atténuantes, mais ils distinguent entre le cas où la peine du crime, avant l'atténuation qu'elles ont motivée, était les travaux forcés à temps, et celui où elle était la réclusion. Dans le premier cas, ils appliquent l'art. 57 d'une façon nécessaire; dans le second, ils laissent au juge le droit de l'appliquer ou de continuer à descendre jusqu'au minimum de l'art. 401.

Quant à moi, j'ai pensé que l'art. 57 était applicable aux deux espèces, et toujours de la même manière, c'est-à-dire d'une façon obligatoire pour le juge.

VI. — *Récidive de crime puni d'une peine correctionnelle à délit.*

Autrefois, j'aurais appliqué l'art. 58. Aujourd'hui, d'accord du reste avec la jurisprudence, j'applique l'art. 57 d'une manière obligatoire et sauf l'admission de circonstances atténuantes par le tribunal correctionnel.

VII. — *Récidive de délit à crime puni de peines criminelles.*

Ce n'a jamais été et ce n'est pas encore aujourd'hui un cas de récidive.

VIII. — *Récidive de délit à crime puni d'une peine correctionnelle.*

Avant la loi actuelle, la jurisprudence n'admettait aucune aggravation.

J'aurais pensé, au contraire, qu'il fallait appliquer l'art. 58.

Cette dernière solution l'a emporté en 1863. Nous retrouvons, du reste, la même controverse que sur notre cinquième hypothèse.

La Cour de cassation continue à distinguer entre le crime punissable des travaux forcés à temps et le crime punissable de la réclusion avant le calcul des circonstances atténuantes. Dans un cas, elle décide que l'art. 58 prononce une aggravation obligatoire; dans l'autre, une aggravation facultative.

J'ai soutenu, pour ma part, que l'art. 58 était, dans les deux espèces, applicable et obligatoire.

IX. — *Enfin récidive de délit à délit.*

Cette dernière espèce est régie aujourd'hui, comme sous le Code de 1832, par l'art. 58.

Les juges correctionnels continuent du reste, même en cas de récidive, à pouvoir atténuer les peines légales au moyen de l'admission des circonstances atténuantes. Mais le nouvel art. 463 leur donne des pouvoirs moins larges que l'ancien. Si, abstraction faite des circonstances atténuantes, le texte du Code qui prévoit le délit, ou l'influence de la récidive élève la peine au-dessus d'un an d'emprisonnement ou de cinq cents francs d'amende, le tribunal ne peut réduire l'emprisonnement au-dessous de six jours, ni l'amende au-dessous de seize francs. Dans le cas contraire, il continue à jouir du même pouvoir d'atténuation que par le passé.

Cette dernière observation est commune à notre hypothèse et à celles qui portent dans ce résumé les nos III et VI.

CHAPITRE III

RÈGLES EXCEPTIONNELLES POUR CERTAINES RÉCIDIVES DE CRIMES OU DE DÉLITS

J'ai examiné jusqu'à présent le système général de notre Code sur les récidives de crimes ou de délits. Au nombre des principes qu'il mentionne, les trois suivants, entre autres, se sont dégagés de mon étude : 1° Tous les délits et tous les crimes peuvent être commis en récidive ; 2° notre Code n'aggrave pas les peines de la récidive à chaque nouvelle rechute ; il n'admet pas la théorie des récidives successives ; 3° enfin, il procède par prévision des récidives générales ; il ne prévoit pas les récidives spéciales, les rechutes dans la même espèce de délit.

A ces trois règles notre Code pénal ou des lois spéciales ont cependant apporté quelques exceptions. Je vais passer en revue les plus importantes ; ce sera un moyen de faire mieux ressortir par le contraste les caractères et l'étendue des principes. Du reste, cette étude sera rapide ; pour être complet, il faudrait se jeter dans l'examen d'une foule de textes isolés et bizarres qu'il n'entre pas dans mon plan de rechercher.

SECTION Ire

DÉLITS QUI N'ENTRAÎNENT PAS LA RÉCIDIVE

Je vais étudier dans cette section deux hypothèses différentes : celle de l'art. 45 et celle de l'art. 245 du Code pénal.

I. — **Art. 45.** — Cet article prévoit le délit connu depuis 1850 sous le nom de rupture de ban. La question qui s'élève ici, au point de vue de mon sujet, est celle-ci : Les peines de la rupture de ban sont-elles soumises aux aggravations tirées de la récidive ?

Une distinction résout la difficulté.

Le délit de rupture de ban n'est-il précédé que de la condamnation génératrice de la surveillance, on lui appliquera simplement l'art. 45 sans aggravation pour récidive. C'est là l'exception annoncée aux principes des articles 56 et suivants. On a donné deux motifs de cette exception. Le premier est celui-ci. Pour qu'un coupable récidive, il faut qu'il commette une infraction nouvelle ; or, la rupture de ban n'est pas un fait nouveau ; c'est le refus d'obéir à la première condamnation ; c'est ainsi une conséquence du premier délit, ce ne sera donc pas une récidive. Cette manière de raisonner peut être spécieuse, mais elle ne satisfait pas entièrement. Je préfère la seconde raison qui a été présentée, et celle-ci est une raison de texte.

Si la condamnation génératrice de la surveillance pouvait être le premier terme d'une récidive dont la rupture de ban serait le second, il faudrait dire que ce second délit est toujours commis en récidive. La surveillance, en effet, n'est, je crois, jamais prononcée quand la peine principale n'est pas supérieure à un emprisonnement d'une année, et alors il faudra toujours joindre à l'art. 45 l'art. 57 ou l'art. 58. Le maximum de la peine fixé par l'art. 45 deviendra en réalité le minimum, et le maximum sera élevé au double. Je conclus avec M. Blanche que, dans le silence de la loi, il n'est pas permis de lui supposer un système aussi exorbitant du droit commun [1].

Mais il peut se produire une autre hypothèse. Outre la condamnation génératrice de la surveillance à laquelle le coupable a essayé de se soustraire par la rupture de ban, il peut y avoir d'autres condamnations dans ses antécédents judiciaires. Dans ce cas, je me demande pourquoi on ne prononcerait pas les peines de la récidive en se fondant sur les condamnations de cette nature. Par rapport à elles, la rupture de ban est un délit entièrement nouveau, qui n'en suppose pas nécessairement l'existence, et dès lors il n'y a plus d'obstacle à l'application des articles 57 et 58.

La jurisprudence de la Cour de cassation avait d'abord paru hésitante ; mais aujourd'hui elle s'est

[1] BLANCHE, I, n° 224.

complètement rangée au système que je viens d'exposer. (Cass., 20 juillet 1854 ; 14 novemb. 1856.)

II. — **Art. 245.** — L'art. 245 s'occupe d'une espèce analogue à celle de la rupture de ban. Il prononce une peine de six mois à un an d'emprisonnement contre les détenus qui se seront évadés ou auront tenté de s'évader.

Il est reconnu par tout le monde que la condamnation génératrice de l'emprisonnement auquel l'évasion avait pour but d'échapper ne suffit pas à faire considérer celle-ci comme commise en récidive. C'est l'exception semblable à celle de l'art. 45[1].

Je crois, pour ma part, qu'il faudra la restreindre dans les mêmes termes. Ainsi, si l'évasion a été précédée d'une autre évasion ou, d'une façon plus générale, d'une condamnation qui n'est pas subie au moment de la fuite du prisonnier, il faudra aggraver les peines de l'art. 245, conformément aux art. 57 et 58.

Je n'ai trouvé nulle part cette question examinée. Mais la solution que je donne me paraît entièrement conforme aux principes. Je dois dire cependant que la généralité des motifs de l'arrêt cité en note semble la contredire.

[1] Cass., 14 avril 1864.

SECTION IIe

DÉLITS DONT ON PUNIT LES RÉCIDIVES SUCCESSIVES

I. — Le Code pénal renferme une disposition qui prévoit et punit d'une aggravation nouvelle une seconde récidive. L'art. 199 punit d'une amende de seize francs à cent francs le ministre du culte qui procède aux cérémonies religieuses d'un mariage, sans qu'il lui ait été justifié d'un acte de mariage préalablement reçu par les officiers de l'état civil. L'art. 200 ajoute : « En cas de nouvelles contraven-« tions de l'espèce exprimée en l'article précédent, « le ministre du culte qui les aura commises sera « puni, savoir : pour la première fois, d'un empri-« sonnement de deux à cinq ans, et pour *la seconde « fois,* de la détention. »

II. — De même l'art. 83 de la loi du 26 juin 1851 sur la garde nationale punit une troisième et une quatrième récidive : « Après deux condamnations « pour refus de service, le garde national est, en « cas de troisième refus de service dans l'année, « traduit devant le tribunal de police correctionnelle « et condamné à un emprisonnement qui ne peut « être moindre de six jours ni excéder dix jours. « En cas de récidive dans l'année, à partir du « jugement correctionnel, le garde national est « traduit de nouveau devant le tribunal de police

« correctionnelle et puni d'un emprisonnement qui « ne peut être moindre de dix jours ni excéder « vingt jours. Il est, en outre, condamné aux frais « et à une amende qui ne peut être moindre de « seize francs ni excéder trente francs dans le « premier cas, et dans le deuxième être moindre « de trente francs ni excéder cent francs. »

Heureusement, ces aggravations exceptionnelles sont rares dans notre droit; je ne les ai citées qu'à titre d'anomalies.

SECTION IIIe

DÉLITS DONT ON PUNIT LES RÉCIDIVES SPÉCIALES

Je viens de citer l'art. 200 qui punit une récidive spéciale; je citerai dans le chapitre suivant l'art. 478, 2°, qui punit, lui aussi, certaines récidives de ce genre.

Ce sont là les seules dispositions du Code pénal qui puissent se ranger sous le titre de cette section; mais, en revanche, on pourrait faire ici une étude fort longue si l'on voulait entrer dans le détail des lois spéciales. Je ne veux pas entreprendre ce travail. Il est plus long et plus fastidieux qu'utile; je vais donc me limiter à un exposé rapide des principes.

Il y a dans notre droit un grand nombre d'infractions qui ont été organisées et punies par des lois à part. Telles sont les lois sur la presse, sur la chasse, sur les mines, sur les eaux et forêts, sur la police des chemins de fer et du roulage, etc. Presque toutes ces lois ont des dispositions spéciales sur la récidive. La règle est alors que la récidive de la loi spéciale ne peut avoir lieu qu'entre deux infractions du genre de celles que la loi en question a prévues. Là n'est pas, à vrai dire, la difficulté. Le point délicat est celui-ci : Peut-il y avoir récidive d'une infraction de droit commun à une infraction de loi spéciale ou réciproquement d'une infraction de loi spéciale à une infraction de droit commun ?

Pour moi, je m'attacherai à la distinction suivante. L'infraction de la loi spéciale est-elle un vrai délit, l'affirmative me paraît de droit, à moins d'une exception résultant d'un texte. Je cherche en vain le motif qui autoriserait une solution opposée. Si, au contraire, l'infraction de la loi spéciale est une contravention, il est vrai de dire alors que la solution négative doit l'emporter. En matière de récidive de contraventions, nous allons le voir, c'est le principe de la spécialité qui a prévalu.

Toutefois, ma solution le plus souvent déplace la question sans la résoudre. Il n'y a rien de plus controversé ni de plus controversable que la nature de ces infractions des lois spéciales. Sont-ce des délits, on appliquera le premier système; est-ce des contraventions, il faudra s'attacher au second. Mais, que sont-elles? Sont-ce des contraventions ou bien des délits? La question préalable n'est pas facile; elle devra être discutée, et sa solution entraînera la solution définitive. Pour ma part, j'ai une tendance à voir le moins possible des délits dans cette nuée de contraventions de toutes sortes qui, en définitive, engagent bien peu la responsabilité morale des coupables. C'est aussi, ce me semble, la tendance générale de la jurisprudence actuelle.

CHAPITRE IV

DES RÉCIDIVES EN MATIÈRE DE CONTRAVENTION

Le système du Code pénal sur les récidives en matière de contravention diffère entièrement de ce que nous avons vu jusqu'ici.

Je vais l'examiner tel qu'il est sorti des mains du législateur de 1810; j'indiquerai ensuite les modifications dues à la réforme de 1832.

Pour qu'il y ait récidive, voici les règles qui découlent de la combinaison des art. 471, 478, 482 et 483 :

1° Il faut que les deux termes de la récidive soient des contraventions de la même classe. Il n'y a jamais récidive de délit à contravention, ni de contravention à délit, ni même de contravention d'une classe à contravention d'une autre classe. On sait en effet que la loi pénale distingue trois espèces de contraventions, prévues par trois sections différentes au dernier chapitre du livre IV[1].

2° Il faut que les deux contraventions aient été commises dans le ressort du même tribunal de police.

[1] Il va sans dire qu'à l'égard des contraventions punies par des lois spéciales, il n'y a jamais de récidive à moins d'une disposition expresse des lois en question.

3° Enfin, il faut que les deux condamnations ne soient pas distantes l'une de l'autre de plus de douze mois.

Ces trois règles impliquent, on le voit, trois principes entièrement opposés à ceux des art. 56, 57 et 58. Le droit commun prévoit seulement les récidives générales; ici, au contraire, la récidive générale est impunie; il faut qu'elle présente, sinon une spécialité d'espèce, au moins une spécialité de genre. — Le droit commun ne se préoccupe pas du lieu où les deux infractions ont été commises; ici, au contraire, l'identité de lieu est une condition *sine qua non* de la répression. — Le droit commun enfin n'exige aucune condition de temps; ici, un délai de douze mois efface les condamnations antérieures et assure l'impunité aux récidives.

J'avais donc raison de dire que cette théorie du Code se séparait entièrement de celle que nous venons d'étudier. Cette assertion est encore justifiée par l'examen des peines de ce genre de récidive auquel je passe maintenant :

1° Les contraventions de la première classe sont en général punies d'une amende de 1 franc à 5 francs.

En récidive, la peine sera toujours l'emprisonnement pour trois jours au plus. (Art. 474.)

2° Les contraventions de la seconde classe sont punies d'une amende de 6 à 10 francs.

En récidive, la peine sera toujours l'emprisonnement pour cinq jours au plus. (Art. 478, 1°.)

3° Enfin, les contraventions de la troisième

classe soit punies d'une amende de 11 à 15 francs, et d'un emprisonnement facultatif de cinq jours au plus.

En récidive, l'emprisonnement pendant cinq jours devra toujours être prononcé. (Art. 482.)

On le voit, il résultait de ces règles que la peine des récidives de contravention était nécessairement d'un genre supérieur à celui du premier châtiment, encore un principe repoussé en matière de crimes et de délits.

Cette dernière conséquence a été écartée, au moins en ce qu'elle avait de nécessaire, par la loi du 28 avril 1832.

On a ajouté alors à l'art. 483 un second paragraphe ainsi conçu : « L'art. 463 du présent Code « sera applicable à toutes les contraventions ci-« dessus indiquées. » Les juges restent donc les maîtres d'appliquer l'emprisonnement, mais ils n'y sont plus obligés.

La loi de 1832 a introduit en notre sujet une seconde innovation qui conduit à un résultat singulier dans notre droit. Il ressort de l'article 478, 2° : « Les individus mentionnés au n° 5 de « l'art. 475 (ceux qui établissent dans les rues, « chemins, places ou lieux publics, des jeux de « loterie ou d'autres jeux de hasard) et qui « seraient repris pour le même fait en état de « récidive, seront traduits devant le tribunal de « police correctionnelle et punis d'un emprison-« nement de six jours à un mois, et d'une « amende de seize francs à deux cents francs. »

C'est l'aggravation de la peine et son élévation

à la hauteur d'une peine correctionnelle qui nécessite ici un changement de compétence. Cette hypothèse a ceci de remarquable qu'elle est aujourd'hui la seule où la récidive ait encore le pouvoir de modifier les règles de la juridiction.

Ainsi, ai-je, à vrai dire, terminé tout ce qui a trait à la partie réellement juridique de mon étude.

CHAPITRE V

DÉTAILS SUR LES CASIERS JUDICIAIRES

Ce dernier chapitre a pour but d'exposer les moyens destinés à mettre en œuvre l'institution juridique dont je viens d'étudier les différentes parties.

Il ne suffit pas de déterminer quelles seront les peines des récidives ; il faut savoir quand les appliquer, il faut découvrir les récidivistes. Ce n'est pas toujours là une tâche facile, et en 1844 encore un magistrat pouvait écrire que le hasard et l'aveu des inculpés étaient les sources uniques où il fût possible aux tribunaux de trouver des indices sur une circonstance aussi grave [1]. A cette époque, les prescriptions du Code étaient donc souvent lettre morte, et l'étude de la récidive pouvait paraître une étude de luxe.

Si chaque homme pouvait renfermer sa vie dans le lieu où il est né, on arriverait sans peine à découvrir ses antécédents et à lui rendre la justice qu'il mérite. Mais, dans notre siècle moins que dans un autre, une pareille immobilité ne peut être exigée. Elle est impossible pour les hommes

[1] BONNEVILLE, *Des Récidives*, p. 52.

qui n'ont rien à cacher dans leur passé ; comment l'attendre de ceux qui ont tout intérêt à soustraire aux regards les divers incidents de leur vie ? La conséquence de ceci, c'est que souvent un tribunal se trouve en présence d'un criminel qui lui arrive d'un autre bout de la France, après avoir erré peut-être à travers une bonne partie de l'empire. S'il fallait suivre ses traces pas à pas pour découvrir tous les méfaits qu'il a pu semer sur sa route, on userait ses forces à une tâche impossible, et la preuve du moindre délit coûterait souvent des semaines et des mois de recherches.

Cette question pratique a toujours intéressé les législateurs. La marque usitée dans l'ancien droit était un moyen de preuve, avant d'être un supplice, et quand le Code d'Instruction criminelle de 1808 l'eût définitivement abolie, il fallut songer à un autre système.

On essaya d'en organiser un dans les art. 600 à 602. Les greffiers des Cours d'assises et des Tribunaux correctionnels furent obligés de consigner sur un registre, par ordre alphabétique, les noms, prénoms, professions, âge et résidences de tous les individus condamnés à un emprisonnement correctionnel ou à une plus forte peine.

Tous les trois mois, ils durent envoyer copie de ces registres soit au ministère de la justice, soit au ministère de la police générale.

Les deux ministères devaient, à leur tour, faire tenir en la même forme un registre général composé de ces diverses copies.

On voulait constituer ainsi un répertoire central

où il fût possible à tous les tribunaux de puiser les renseignements dont ils auraient besoin sur les antécédents judiciaires des criminels qu'on amenait devant eux.

De grandes espérances avaient été fondées sur cette organisation ; mais elles furent promptement déçues. Le ministère de la justice se contenta de recevoir les copies qui lui étaient adressées par les greffiers, mais il ne tint aucun registre. Le ministère de la police, remplacé bientôt dans cette fonction par la préfecture de police, fut plus exact à se conformer aux prescriptions de l'art. 602. Il y eut un registre général; mais il devint bien vite tellement volumineux que, pour retrouver quelque chose, il fallut recourir à des tables.

On essaya de plusieurs procédés plus ou moins heureux. Enfin, la vraie méthode fut découverte par l'application aux *Sommiers judiciaires* des tables connues sous le nom de *Tables mobiles perpétuelles.* Ce sont des bulletins détachés, rangés par ordre alphabétique dans un certain nombre de casiers, de telle sorte qu'on peut, à chaque instant, en augmenter ou en diminuer le nombre sans bouleverser l'ordre indispensable à la facilité des recherches.

Les bulletins qui composaient la table ne portèrent d'abord que le nom du condamné et le renvoi aux divers registres qui le concernaient. Peu à peu on se mit à transcrire sur le bulletin même les énonciations des registres, et ainsi on supprimait la nécessité d'une double recherche. Les bulletins n'étaient plus une table ; ils étaient devenus le registre lui-même. On avait inventé les *Registres mobiles perpétuels.*

Cependant il y avait encore un inconvénient immense : c'était la concentration à Paris de tous ces documents. Un magistrat qui s'est occupé beaucoup de toutes ces questions, M. Bonneville, eut l'honneur d'indiquer le remède. Il prononça en 1848 un discours de rentrée : *De la nécessité de localiser à l'avenir, au greffe de l'arrondissement natal, tous les renseignements judiciaires concernant chaque condamné.* Cette idée fut trouvée juste, et le Garde des Sceaux publia, le 6 novembre 1850, une circulaire qui règle l'organisation des casiers judiciaires. Je cite la disposition fondamentale : « Il sera établi, « au greffe de chaque tribunal civil, un *casier* « destiné aux renseignements judiciaires. Ce casier « sera divisé en compartiments, suivant l'ordre « alphabétique ; il sera placé dans un lieu non « accessible au public. Le greffier y classera, par « ordre alphabétique, les bulletins individuels « constatant à l'égard de tout individu né dans « l'arrondissement : 1° tout jugement définitif rendu « contre lui en matière correctionnelle ; 2° tout « arrêt criminel rendu contre lui par la Cour « d'assises ou par les Tribunaux militaires ou mari- « times ; 3° toute mesure disciplinaire dont il aura « pu être frappé ; 4° tout jugement déclaratif de sa « faillite, s'il est négociant ; 5° toute réhabilitation « qu'il aurait obtenue soit comme condamné, soit « comme failli, etc. » Je m'arrête. On le voit, c'est le système des *Tables mobiles perpétuelles* décentralisé et devenu par là d'une application facile. Désormais, il suffit de connaître le pays natal d'un individu pour avoir, dans les quarante-huit heures, l'état complet de ses antécédents judiciaires. Si l'on ignore le lieu d'origine ou s'il s'agit d'étrangers, il faut s'adresser à la chancellerie où, depuis 1855, on a établi un casier spécial pour les condamnés de cette catégorie.

Depuis 1850, de nombreuses circulaires ont encore été envoyées aux parquets à propos des casiers; mais elles ne portent que sur des points de détail. Le principe vrai est trouvé et le changer serait inutile. On peut même dire que cette organisation nouvelle est un véritable service rendu à la société.

Elle permet, en effet, à la répression d'atteindre des coupables très dangereux qui souvent jusqu'ici lui échappaient, et ainsi il est exact de dire qu'elle donne en quelque sorte la vie à une partie essentielle de la loi pénale.

Qu'ajouterai-je encore? J'ai parcouru le plan que je m'étais tracé : je n'ai pas l'intention de pousser au delà. Le sujet cependant n'est pas entièrement épuisé : j'ai laissé de côté une partie entière qui n'est pas sans doute la moins importante, la partie critique du sujet, l'examen des imperfections que notre Code pénal peut encore renfermer, et la recherche des réformes à introduire.

Cette étude est au-dessus de mes forces; je ne veux même pas l'aborder. Pour l'essayer avec fruit, il faut de l'expérience et une longue expérience. Il n'y a en effet qu'une voie de succès : la comparaison assidue des moyens aux résultats obtenus, pour de ceux-ci conclure à la bonté ou à l'impuissance de ceux-là. Quelque jour peut-être me sera-t-il permis de me livrer à des spéculations de cette nature. Souvent elles sont ingrates, mais en définitive elles peuvent être utiles, et cet encouragement doit suffire. Aujourd'hui j'ai seulement un vœu à émettre. La nouvelle loi sur les récidives date de cinq ans à peine, et déjà l'étude seule des travaux qu'elle a produits est un travail long et difficile. Est-ce là un signe de perfection, j'en doute fort. Les lois simples et claires se passent de commentateurs, et la justice s'en trouve bien. Ce qu'il nous faut, c'est de la lumière, et je puis bien dire que nous n'en avons pas, quand les magistrats les plus expérimentés et les jurisconsultes les plus savants avouent qu'ils sont plongés dans les ténèbres. M. Bertauld *ne se tient pas pour suffisamment éclairé.* M. Faustin Hélie s'accuse *de hasarder un avis sur la question;* le Garde des Sceaux, M. Delangle, déclare *qu'il ne lui appartient pas de résoudre théoriquement la difficulté*, et si la Cour de cassation la tranche, parce qu'elle y est forcée, il est généralement reconnu qu'elle ne le dénoue pas. Espérons que la haute portée de ces doutes émanant d'hommes aussi éclairés n'échappera pas au législateur, et que s'il retouche à son œuvre, il aura soin de lui donner cette clarté qui sera toujours un des plus précieux caractères d'une loi.

TABLE ANALYTIQUE

TROISIÈME PARTIE

2985. — Chambéry, imprimerie de F. Puthod, 24, rue du Verney.

www.ingramcontent.com/pod-product-compliance
Lightning Source LLC
Chambersburg PA
CBHW070459200326
41519CB00013B/2638

* 9 7 8 2 0 1 9 5 7 0 4 3 9 *